课程思政 案例教学方法与实践

——以"国际投资学"为例

周宏燕 ◎ 著

中国财经出版传媒集团

经济科学出版社
Economic Science Press

图书在版编目（CIP）数据

课程思政案例教学方法与实践：以"国际投资学"
为例/周宏燕著 . —北京：经济科学出版社，2021.12
ISBN 978 - 7 - 5218 - 3309 - 6

Ⅰ. ①课…　Ⅱ. ①周…　Ⅲ. ①国际投资 - 教学研究 -
高等学校　Ⅳ. ①F831.6

中国版本图书馆 CIP 数据核字（2021）第 255723 号

责任编辑：刘战兵
责任校对：隗立娜
责任印制：范　艳

课程思政案例教学方法与实践
——以"国际投资学"为例
周宏燕　著

经济科学出版社出版、发行　新华书店经销
社址：北京市海淀区阜成路甲 28 号　邮编：100142
总编部电话：010 - 88191217　发行部电话：010 - 88191522
网址：www. esp. com. cn
电子邮箱：esp@ esp. com. cn
天猫网店：经济科学出版社旗舰店
网址：http：//jjkxcbs. tmall. com
北京密兴印刷有限公司印装
710 ×1000　16 开　12.5 印张　210000 字
2021 年 12 月第 1 版　2021 年 12 月第 1 次印刷
ISBN 978 - 7 - 5218 - 3309 - 6　定价：49.00 元
（图书出现印装问题，本社负责调换。电话：010 - 88191510）
（版权所有　侵权必究　打击盗版　举报热线：010 - 88191661
QQ：2242791300　营销中心电话：010 - 88191537
电子邮箱：dbts@ esp. com. cn）

C 目　录
ONTENTS

"国际投资学"课程概况

一、课程介绍

国际投资学是国际经济与贸易专业的专业必修课程，人才培养具有涉外属性，目标是为中国积极开展国际经济合作交流和参与全球治理培养高素质国际专业人才。通过阐述国际投资的基本知识和一般原理，学生能够准确把握国际投资学的理论架构，掌握国际投资中的一般规律、基本原理和相关技能，系统认识企业的国际化进程和跨国经营方式，初步具备参与国际投资实际运作与相关决策、解决跨国经营实际问题的能力。

课程注重彰显理论教学中的中国元素，用中国案例丰富和创新国际投资理论，围绕中国的利用外资、对外投资等现实问题，做好中国案例分析，加深学生对中国对外开放和利用外资战略的理解。通过专题片教学、分组讨论、撰写研究报告、绘制思维导图、辩论赛、小组展示、三分钟经贸新闻述评等丰富多彩的学习过程，学生的学习力、思考力、思辨力得到提升，成长为懂经济、通国家、精领域的高端国际化人才。

二、学情分析

课程的授课对象经过两年的专业学习，已理解和掌握了西方经济学、国际经济学、金融学、发展经济学等相关学科的理论知识，对国际国内经贸发展的实践和政策有一定程度的了解，可以为国际投资学的学习提供多维思路与充裕的经验材料。同时，学生具备一定的学习能力，能够通过教师引导、小组协作、独立阅读相关文献资料等方式，开展分析、比较、评价与拓展等高阶思考。但是，结合教学实践与前期教学调研发现，由于国际投资学课程内容理论性比较强，导致部分学生有畏难心理，课程体系的偏宏观视角对于学生而言短时间内也难以很好把握，所以，学生在学习过程中会出现以下问题：

一是对国际投资理论的系统性把握不足。学生对国际投资理论缺乏阶段性总结与系统性梳理的意识，对理论所蕴含的方法论和价值判断缺乏深入了解。

二是缺乏对国际投资领域现实问题的深入思考。国际投资学课程涉及内容广泛，如各国经济政策、投资环境、跨国经营、国际条约以及国际争端解决等，学生对现实问题的了解多为零碎、分散的浅层认知，缺乏系统缜密的辩证审视和深入透彻的分析解读。

三是学术思维能力薄弱。学生围绕所学理论进行综合判断、批判审视与延伸拓展的高阶学术思维能力仍有待提升。中国在发展过程中所遭遇的问题在全球化进程中愈发凸显复杂性，只有养成多维、系统的认知体系，才能够更为客观地审视和度量现实生活中的各种问题。

四是价值引领获得感不强。价值引领获得感是衡量课程教学中课程思政效果的一个重要标准。目前的课程教学中思政元素的植入较为简单、生硬，与专业课教学的契合度不足，存在植入碎片化、肤浅化、随机化和牵强化的问题，导致学生学习的主动性和积极性不够，学生的获得感不强。

针对以上问题，课程教学中采取了以下针对性的教学设计。

第一，系统呈现学习内容。课程内容呈现分三步走（见图 0-1），通过问题导入、创设情境关注与思考"为什么"，通过理论学习识记与区辨"是什么"，通过聚焦现实拓展和探讨"怎么做"，层层递进，逐步展开，使学生在掌握理论要点和逻辑体系的前提下进行有效学习。

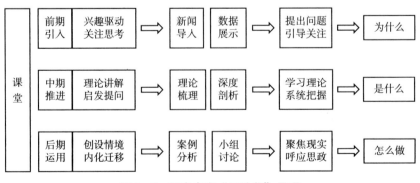

图 0-1 课堂内容"三阶段"呈现

第二，深入探讨剖析现实问题。课程精选了十四个与课程内容高度契合的课程思政教学案例，并进行了详细的教学设计，引导学生结合现实问题对理论进行更深入的思考，并且，大案例的聚焦分析，避免了因列举过多类型案例而无法聚焦思考、致使对现实问题的分析和理解"流于形式"和"蜻蜓点水"的问题，使学生站在关注现实世界的高度展开学习，明晰国家经济社会发展背后的道理、学理、哲理、法理和事理，满足学生思维能力成长的高阶需要。

第三，培养提升学术思维能力。通过创设问题情境、价值判断情境等引导学生主动、持续地参与到课程学习和案例探究中去，引导学生创造性地运用所学知识关注和解决社会现实问题，培养学生的学习力、思考力、思辨力。通过绘制思维导图、撰写研究报告、小组协作案例展示、辩论赛、课前三分钟经贸新闻述评、同伴互评等形式多样的"参与式"教学活动，培养学生深度分析、大胆质疑、严谨论证、勇于创新的探究性研究能力，让学生在解决问题的过程中，认识问题和知识背后所蕴含的理论思维、方法论及价值判断，提升学术思维能力。

第四，创新教学设计，提升价值引领获得感。课堂要有吸引力，思政才有影响力。实现对学生的价值引领，需要教师用心选择教学资源，潜心于教学设计创新。课程教学设计以"学生"为中心、以"知识探索、能力培养、价值引领"为导向，重在启发、探究，以课堂"互动""探究"为主，教学平台课后拓展为辅，间或组织辩论赛或小组协作案例展示。在课堂教学中综合运用问题链教学法、PBL教学法、问题解析法、五星教学法、BOPPPS教学模式、专题片教学、数据解剖教学、小组案例展示教学、隔堂对分、"脱水"教学、拼图教学、翻转课堂等教学方法，强调以问题意识开路，将理论融入案例，用案例讲清道理，以道理赢得认同，在教学过程中激发学生的思想碰撞和情感体验，进而提升价值引领获得感。

三、育人目标

（一）知识探索

通过课程学习，学生可以掌握国际投资的一般规律、基本理论、作用和影响，深入了解经济全球化背景下国际投资的特点和方式；学生拓展了全球视野和学科知识，能够充分认识国际投资在综合国力竞争、全球经济治理中的重要作用；课程学习紧扣经济建设需求，学生可以深入了解我国利用外资和对外投资的发展以及我国政府积极实行"引进来"和"走出去"战略所取得的重要成果，熟悉我国利用外资和对外投资方面的政策和管理实践。

（二）能力培养

通过案例教学、探究性学习构建全面的专业知识架构，使学生养成在开放的国际经济系统中进行综合分析、提供方案和应变决策的能力。

通过课堂讨论、辩论和小组作业，使学生具备交流沟通、同伴学习和团队协作的能力。

通过资源的搜集、整理、分析，使学生获得数据搜集、整理提炼与解释分析的能力。

通过案例展示、绘制思维导图、撰写研究报告，使学生掌握基础科学研究方法，养成深度分析、勇于质疑、大胆创新的探究性研究能力。

通过形式多样的"参与式"教学活动的推进，使学生能够创造性地运用学科知识关注和解决社会现实问题，真正"学会学习"，具备学习力、思考力、思辨力。

（三）价值引领

学生应具备"经世济民"的职业素养，能够"正确认识世界和中国发展大势，正确认识中国特色和国际比较，正确认识时代责任和历史使命，正确认识远大抱负和脚踏实地"[①]，把爱国情、强国志、报国行自觉融入坚持和发展中国特色社会主义事业、建设社会主义现代化强国、实现中华民族伟大复兴的奋斗之中。

学生应养成"大局观"和"国际化视野"，明晰国家经济社会发展奇迹背后的原理、道理、学理、哲理、法理和事理，成长为适应全球新格局的懂经济、通国家、精领域的高素质全球治理人才。

---

① 教育部思想政治工作司，中共北京市委教育工作委员会. 莫辜负新时代——"四个正确认识"大学生读本［M］. 北京：人民出版社，2018.

学生应秉持"人类命运共同体理念",深刻认识到个人的成长成才,须与国家和民族的发展同向而行,与中国特色社会主义事业同频共振,将"青春梦"与"中国梦""世界梦"紧密相连,服务于国家"一带一路"倡议和共建人类命运共同体。

四、"五位一体"课程思政案例教学模式

结合学情分析和课程育人目标,课程构建了"五位一体"课程思政案例教学模式(见图0-2)。

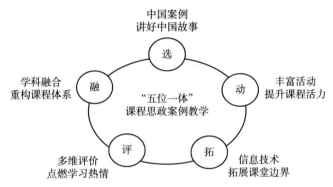

图0-2 "五位一体"课程思政案例教学模式

(一)"融":交叉融合重构课程体系

"百年未有之大变局"和"全球治理体系的调整变革"要求培育具有国际视野的全球治理人才。所以,课程体系突破"小文科"思维,构建"大文科"视野,实现了经济、法学和政治的交叉融合(见图0-3)。在传统国际投资学理论中,融入了国际经济协定与全球治理、投资保护与投资促进法律法规等相关内容,着力提高全球新格局下学生的全球视野、国际交往能力和全球就业能力。

同时,在课程教学中坚持古为今用、以古鉴今,积极发掘中华文化中积极的处世之道和治理理念同国际投资理论的"共鸣点"。中国经贸发展实践的深层逻辑里蕴含着中国人自己的传统智慧,通过对中华传统文化的创造性转化和创新性发展,丰富和发展国际投资理论,努力实现传统文化与现实实

践的相融相通，为促进世界共同繁荣做出中国学术贡献。如课程教学案例"'入山问樵、入水问渔'——'非洲手机之王'传音崛起的逻辑""'新故相推，日生不滞'——全球纺织产业迁移历程""'装点此关山，今朝更好看'——中国的区位优势分析""'假舆马者，非利足也，而致千里'——中国汽车业的'引进来'""'横看成岭侧成峰，远近高低各不同'——美国制造业空心化了吗?""'沉舟侧畔千帆过，病树前头万木春'——《财富》世界 500 强背后的中国经济转型新生""'雄关漫道真如铁，而今迈步从头越'——TCL：折戟和飞腾""'法与时转则治，治与世宜则有功'——从外资三法到《中华人民共和国外商投资法》""'轻关易道，通商宽农'——RCEP 为全球经贸治理体系提供新路径"。

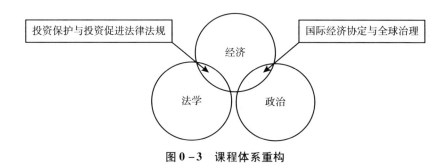

图 0-3　课程体系重构

（二）"选"：中国案例丰富课程内容

课程推进以"探究式"教学为中心的课程思政案例教学模式。改革开放四十余年中国创造了举世瞩目的经济奇迹，也为课程教学提供了大量鲜活的中国案例。课程教学注重对中国本土案例的提炼分析，基于学术性、前沿性、时代性、创新性精选案例，捕捉中国经济发展实践中涌现的新问题、新现象和新理论，强调"中国理论建构"，用中国案例讲好国家经济社会发展背后的原理、道理、学理和哲理。

课程建设遵循"拿过来—重建构—走出去"的逻辑（见图 0-4），解释中国经济快速发展的理论逻辑和实践规律，夯实以"中国道路—中国模式—中国方案"为内涵的教学目标。"拿过来"是用中国实践来验证"拿过来"的理论，目的是借鉴、融合，更是超越。"重建构"是扎根中国经济发展实践，反思本土情境对学术研究的意义和价值。"走出去"，则是面向未来，为学界贡献中国智慧、中国方案和中国力量。所以，案例设计中既有"拿过来"，如"'沉舟侧畔千帆过，病树前头万木春'——《财富》世界500强背后的中国经济转型新生"，又有"重建构"，如"'装点此关山，今朝更好看'——中国的区位优势分析"，还有"走出去"，如"海尔'人单合一'模式——在全球治理中贡献中国智慧"。

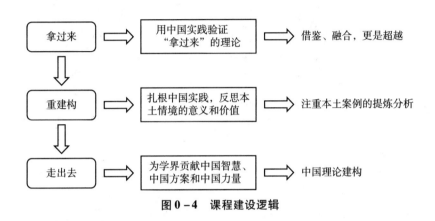

图0-4 课程建设逻辑

（三）"动"：丰富活动提升课程活力

课程以"学生"为中心、以"知识探索、能力培养、价值引领"三位一体育人目标为导向，逆向设计①形式多样的教学活动（见图0-5），采取适合的教学方法，唤醒兴趣，提升学生的参与度，让学生在关键的知识点上成为一个共同的创造者，不断强化学生的学习力、思考力、思辨力。

在具体教学活动中，形成课前、课中、课后的双向互馈机制（见图0-6），及时有效的激励和回馈点燃了学习热情，提升了学生自主学习、终身学习的能力。

课程教学还注重实践育人，积极拓展课外实地调研，实现学校小课堂与社会大课堂的对接，理论学习与社会实际的紧密结合，让课程思政贯通课堂内外，实现全过程育人。

———————————

① 逆向设计是一种先确定学习目标，再设计教学活动以达成目标的教学设计模式。它强调以清晰的学习目标为起点进行教学活动设计，促进目标的达成。

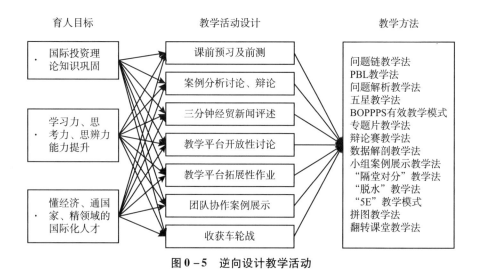

图 0-5 逆向设计教学活动

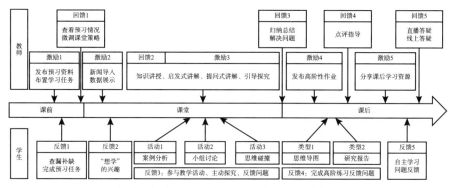

图 0-6 双向互馈的课程思政案例教学方法

资料来源：张萌，杨扬，柳顺义. 基于双向互馈原则的混合式教学模式——以大学数学公共基础课程为例［J］. 现代教育技术，2020，30（12）：119-125.

（四）"拓"：信息技术拓展课堂边界

我们身处以人工智能、大数据为特征的信息化时代，要充分利用信息技术平台更好地完成呈现教学材料、创设教学情境、及时反馈讲解、数据分析整理等工作，将复杂的问题简单化，使静态的内容动态化，让学生成为学习的主体和中心，实现学生的全员参与和互动合作，大大提升教学效果。

课前教师依据课程相关的知识点，建立问题情景、提出问题，准备预习资料，通过教学平台将预习资料推送给学生，学生在其合适的时间完成相关内容的预习并提交，通过"不懂"报告反馈对知识点的理解程度，以供授课教师及时进行反馈并调整教学安排。

课中在教学平台设置若干问题引导学生进行投票、参与讨论，并在手机端作答，提高学生课堂讨论参与率，提升学生的学习热情。通过前测、后测回顾与巩固相关知识点，即时获得反馈数据，以实时掌握和跟踪学习效果，进而根据学生状态实时调整教学进度和内容。同时通过教学平台的统计分析功能，老师能及时了解每一位同学的学习掌握状况，并进行针对性的辅导。

课后利用教学平台的资源区、讨论区、作业等功能，发布专题知识、视频资源、阅读资料，提交作业，进行开放性讨论、作品展示，创造互辩学习环境，实现知识内化，促进学生深度学习。

课前"预习有章"，课中"学习有法"，课后"提升有道"（见图0-7），将师生互动、生生互动拓展到线上，实现课堂时、空的拓展。

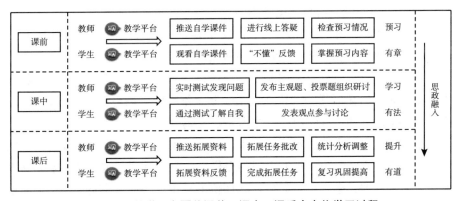

图0-7 教学平台覆盖课前、课中、课后全方位学习过程

（五）"评"：多维评价点燃学习热情

为确保课程教学效果，强调过程管理，注重课堂互动的过程评价，通过小组任务丰富结果评价，实施多维综合考核评价方式，引导学生重视学习过程，重视思维的形成和学习方法的获取（见图0-8）。

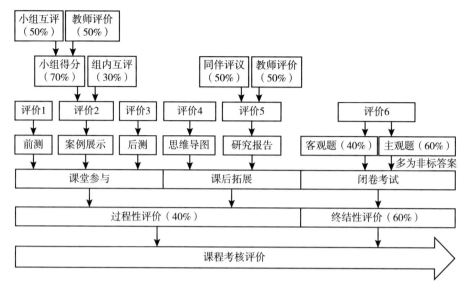

图 0-8　多维综合考核评价方式

1. 过程性评价：占总成绩的 40%

对低阶教学目标，采用教学平台发布客观和主观题考核，包括单元测验、单元作业，重在考察专业知识的掌握情况。

对中高阶教学目标，采用课堂互动考核（包含讨论、辩论、案例展示、小组赛）和课后拓展任务考核（包括绘制思维导图、撰写研究报告），以量化评价学生课后的深度学习、自主探索、逻辑分析能力。

小组案例展示采取教师评价、小组互评、组内互评的形式，设置明确的观察点，促进同伴学习，提升思考的多样性。学生互评，重在鼓励学生深度参与。通过互评，学生可以充分理解评价的标准，树立"我也能做！"的信心。同时，让他们学会信任他人，诚实、公正地对待他人。同伴评价最重要的一点是要了解对方的学习，包括学习经验，让学生意识到同伴合作的力量及友好气氛在学习过程中的重要性。互评鼓励学生合作和向他人学习。学生之间相互讨论，可以消除他们的忧虑和困扰，汲取他人的优点，从而确立自己努力的方向。

2. 终结性评价：占总成绩的 60%

终结性评价采用期末闭卷笔试的方法，题型多样，较为全面地覆盖课程知识点，能够有效进行能力提升评估。其中，客观试题占 40%，考核学生对知识点的掌握是否全面、准确。主观试题为案例分析题，占60%，多为开放式试题，主要考查学生对现实问题的综合分析、逻辑论证能力，对案例问题的解答是否达到了课程育人目标。

五、本书的创新之处

第一，构建了"融""选""动""拓""评"五位一体课程思政案例教学模式。通过学科交叉融合、精选案例并进行恰当设计实现教学内容优化、思政有机融入；借助信息技术、通过形式多样的"参与式"教学活动，实现师生、生生之间的有效互动，让思政真正落实落地；通过多维综合考核评价设计，建立教学全过程的思政效果评价机制。这一教学模式，切实提升了学生的价值引领获得感，并且具有可复制、易操作的特点，可以在多个学科课程思政建设中广泛采用，具有较高的推广价值。

第二，坚持古为今用、以古鉴今，积极发掘中华文化中积极的治理理念同国际投资理论的"共鸣点"。中国经贸发展实践的深层逻辑里蕴含着中国人自己的传统智慧，通过对中华传统文化的创造性转化和创新性发展，努力实现传统文化与现实实践的相融相通，丰富和发展国际投资理论，为促进世界共同繁荣做出中国学术贡献。

第三，课程思政教学案例来自中国的国际投资实践、时政新闻以及国际国内热点经济事件讨论，由作者精选并编写，从历史和现实、理论和实践相结合的角度深入阐释如何更好地坚持中国道路、弘扬中国精神、凝聚中国力量。在每一个案例的开始部分，都介绍了该案例设计所对应的专业知识点、思政元素点、"三位一体"育人目标、所采用的教学方法以及课后知识拓展内容，系统呈现该案例设计所涉及的重要因素；在每一个案例的最后部分，对该教学设计中思政元素的融入方式、融入过程和融入效果进行了详细介绍和总结，并用思维导图勾勒出该部分的思政融入过程，以帮助读者尽快了解该教学设计的思政融入设计思路。

第四，结合课程内容的不同特点，案例设计中依次采用了问题链教学法、PBL教学法、问题解析法、五星教学法、BOPPPS有效教学模式、专题片教学、辩论赛教学、数据解剖教学、小组案例展示教学、"5E"教学模式、"隔堂对分"教学、"脱水"学习法、拼图教学法、翻转课堂教学等多种教学方法，并在教学设计中循序渐进地增加学生独学、讨论、激辩的比重。通过这种有难度、有梯度的教学设计，学生能够兴趣盎然、高效地参与到教学过程中，逐渐形成稳定的个人反思习惯和更好的沟通交流能力，锤炼审辨式思维能力、良好的协作性，形成坚实的理论和实践功底。

案例教学设计一：问题链教学法[*]

你有自己的认知坐标系吗？

——学习"国际投资学"的意义

专业知识点	解答"3W"问题：Why？What？How？ 1. Why：为什么要学习"国际投资学"？ 2. What："国际投资学"是一门怎样的课程？ 3. How：怎样才能更好地学习"国际投资学"？		
思政元素点	学习"国际投资学"的意义：建构对国际投资领域的认知坐标系		
育人目标	知识传授	1. 知晓课程学习目标 2. 明晰课程学习内容 3. 掌握课程学习方法	
	能力培养	从课程体系的概况性介绍中体味课程学习的意义，养成从实践中提炼问题、分析问题、解决问题的意识，自然生发对课程的认同	
	价值引领	学生具备关注国内国际经济发展的专业素养，用心体悟学习和思考相辅相成的关系，自主建构系统的专业认知体系	
教学方法	问题链教学法：用"问题"引发思考→用"链"将问题引向深入→师生互动，头脑风暴		
知识拓展	1. 教学平台随机分组，布置小组任务：利用公开数据库，搜集整理数据，试分析中国利用外资和对外直接投资的变化趋势、全球占比和位次、主要投资来源地、对外直接投资全球地区分布，下次课分小组展示讨论 2. 请课下访问课堂中介绍的网络资源，熟悉资源的利用		

---

* 问题链教学法是依据教学目标将教学内容设置成以问题为纽带、以知识形成发展和培养学生思维能力为主线、以师生合作互动为基本形式的新型教学模式。北京市习近平新时代中国特色社会主义思想研究中心. 问题链教学法让思政课活起来［N/OL］. 人民日报，http://opinion. people. com. cn/n1/2019/0524/c1003 - 31100597. html.

一、理论概述

（一）Why：为什么要学习"国际投资学"？

本节课从宏观、中观、微观三个不同的视角来解读这个问题。首先，国际投资保持快速增长趋势且对世界经济的促进作用日益显著；其次，中国已经成为全球利用外资第二大国、对外投资第二大国；最后，学生学习国际投资学课程有助于系统认知和深入解读现实经贸问题。

（二）What："国际投资学"是一门怎样的课程？

国际投资学是研究资本在国际间的运动过程及其对世界经济影响的客观规律的科学。课程将从开放经济的视角介绍当代国际投资学的最新理论，为经济管理类学生更深入研究国际资本流动行为奠定坚实的理论基础。

（三）How：怎样才能更好地学习"国际投资学"？

教师详细介绍如何"以学生学习为中心"进行教学设计，课程教学采用哪些具体的教学方法以及为什么会采用这些方法，以帮助学生更好地理解师生角色的定义，制定出明确的参与准则，了解如何更好地融入课堂。同时，向学生们解读课程的评价方式，以帮助学生建立清晰的期望，知道如何才能在课程学习中获得成功。

二、问题导入

这一节的课堂教学通过问题链的方式完成。具体环节是：从柴静所著《看见》一书中的一个小故事谈起，提出问题，用"问题"引发思考，用"链"将问题引向深入，"循循善诱叩其两端"[①]，层层递进，引出本节的核心知识点——学习"国际投资学"的意义，即建构国际投资领域的认知坐标系。

---

① 出自《论语·子罕篇》。子曰："吾有知乎哉？无知也。有鄙夫问于我，空空如也。我叩其两端而竭焉。"释义：孔子说："我有很全面的知识吗？其实并没有。即使是见识浅薄的人问我问题，不论是我还是他，对他提的问题都没有确切的答案。我只是从问题本末或正反两个极端去反问他、引导他，追根溯源，这样对此问题的正确答案就可以逐步搞清楚了。"

> **案例：你有自己的认知坐标系吗？**①
>
> 柴静刚进央视的时候，陈虻拍出一盒烟问她："这是什么？"
>
> 柴静："……烟？"
>
> 陈虻："我把它放在一个医学家面前，说请你给我写三千字。他说行，你等着吧，他肯定写尼古丁含量，几支烟的焦油就可以毒死一只小老鼠，吸烟者的肺癌发病率是不吸烟者的多少倍。还是这盒烟，我把他拿给一个搞美术设计的人，我说，哥们请你写三千字。那哥们会给你写这个设计的颜色，把它的民族化的特点、它的标识写出来。我给一个经济学家，他告诉你，烟草是国家税收的大户，如果全不吸烟的话，会影响经济往哪儿发展。"
>
> 他看着柴静："我现在把烟给你，请你写三千字，你会写什么？"

讲故事的过程中，根据故事内容穿插以下问题②：

问题1：大家猜一猜，医学家这三千字可能会写什么？

问题2：如果是个搞美术设计的哥们儿，那么他可能会写什么？

问题3：如果是一位经济学家，他关注的内容会是什么？

问题4：为什么同样是一盒烟，同样是三千字，却存在如此之大的差异？

问题5：陈虻如此做的用意是什么？

问题6：什么是认知坐标体系？

问题7：为什么要建构自己认知事物的坐标系？

问题8：你有没有自己认知事物的坐标系？如何构建自己认知事物的坐标系呢？

其中，问题1到问题5意在引导学生从医学家、搞美术设计的哥们儿和经济学家的角度思考他们对同一个事物的认知可能会有何不同，进而认识到由于每个人所掌握的知识的独特性，每个人都以自己的方式建构对于事物的理解，从而看到的是同一事物的不同方面，不存在唯一标准的理解。在此基

---

① 案例基于柴静所著《看见》一书中的一个小故事整理设计。柴静. 看见［M］. 桂林：广西师范大学出版社，2013：295.

② 在提问的过程中，学生们通过教学平台的弹幕功能展开互动。

础上，问题6到问题8进一步探讨认知坐标系的建构方式（见图1-1)[①] 和建构认知坐标系的意义。"认知科学的研究表明，只有在掌握了大量事实和基本知识的前提下，学生才能发展出教师希望他们具备的分析和批判性思维能力。"[②] 也就是说，我们必须先了解事物本身，才能对其进行批判性的思考。我们必须先掌握一定的专业知识，才能进行进一步深入的专业分析。这样经由问题1到问题8层层递进式提问、互动，自然而然地引出了本节的核心问题：国际投资学课程的学习，意在引导学生形成对国际投资领域的认知坐标系，为其建构自己的认知坐标系添砖加瓦。

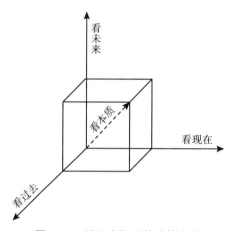

图1-1 认知坐标系的建构方式

资料来源：笔者绘制。

在层层递进提问和讨论的过程中，教师的角色是多重的，不仅是问题情境的设计者，也是学生观点的忠实听众，还是指点迷津的引路人，利用学生们的已有知识，一步步引导，使学习者自己从已知到未知，认识到只有超脱视野的局限性，建构自己的认知坐标系，用更广阔的尺度来看待世界，才能更客观地审视和度量现实生活中的问题。

---

① 认知坐标系可以通过四个维度建构：看过去，即分析这件事的出现是"偶然"还是"必然"；看现在，即了解这个事情本身是"表象"还是"真相"；看本质，即探索它是否隐藏了某个真实的逻辑；看未来，即思考它的出现昭示了什么样的趋势。

② 威灵厄姆. 心智与阅读［M］. 梁海燕译. 杭州：浙江教育出版社，2020.

三、案例分析

在通过一个小故事的引入引发同学们的讨论、思考和兴趣之后，引入"3W"问题，对国际投资的全球发展和课程的内容做一个全局性、概括性的介绍，为后面国际投资理论和实践的学习做好准备。

（一）Why：为什么要学习"国际投资学"

首先提出问题，引发同学们的思考：为什么在专业培养计划里要设置"国际投资学"这样一门课程？对于这个问题，教师引导学生们从宏观、中观和微观三个不同的视角展开头脑风暴。头脑风暴过程中，教师展示国际投资的全球规模、国际投资的发展情况、国际投资对经济增长的拉动作用等数据资料。通过宏观视角的讨论，学生们认识到国际投资保持快速增长趋势且对世界经济的促进作用日益显著；基于中观视角的解剖，学生们知晓中国已经成为利用外资第二大国和对外投资第二大国；而从微观视角出发，学生们则进一步体会到国际投资对他们更好地认识和判断现实问题所带来的帮助。

通过对"为什么"这个问题的解答，学生深刻认识到国际投资在全球经济、中国经济发展中的重要性，深刻体会到课程的真正价值。同时，学生了解了国家发展战略和行业需求，使命感和职业责任感进一步提升。

（二）What："国际投资学"是一门怎样的课程？

在了解了学习"国际投资学"课程的重要意义之后，接下来向学生们具体介绍"国际投资学"的教学目标、研究内容和课程的框架结构。

"国际投资学"是研究资本在国际间的运动过程及其对世界经济影响的客观规律的科学。通过"国际投资学"课程案例教学，学生可以充分认识国际投资在综合国力竞争、全球经济治理中的重要作用，了解国际投资的基本规律、基本知识和基本做法，熟悉我国关于国际投资的政策和管理实践，为将来的国际投资实践提供一种科学的思维框架并打下良好的基础，成长为懂经济、通国家、精领域的高端国际化人才。

通过对"是什么"这个问题的解答，学生们知晓这门课程将会如何进展，知晓课程的教学目标、框架结构，进而可以建立清晰的期望。

（三）How：怎样才能更好地学习"国际投资学"

学生可能是带着之前经历的其他课程的期望进入"国际投资学"课堂的。具体到这门课是如何运作的？怎样才能更好地学习"国际投资学"？这些问题可能是学生们在第一次课上急于了解的，所以，在这一次课的课堂教学中，教师要向学生们详细介绍如何"以学生学习为中心"进行教学设计，课程教学采用哪些具体的教学方法以及为什么会采用这些方法，以帮助学生更好地理解师生角色的定义，制定出明确的参与准则，了解如何更好地融入课堂。同时，向学生们解读课程的评价方式，以帮助学生建立清晰的期望，知道如何才能在课堂中获得成功。

另外，课程教学中注重课内培养向课外育人的延伸。教师一方面引导学生利用网络，主动获取学习资源，另一方面布置课前任务，要求每一次上课之前，开展"三分钟经贸新闻述评"活动，引导同学们关注国际经贸领域的最新进展和热点问题，培养学生的问题意识。课后知识拓展任务则是课堂教学活动的自然延伸和必要补充，其内容有经典前沿文献的研读，有热点经贸事件的解读，有逻辑思维导图的绘制，有统计数据的分析，有研究报告的撰写，重在引导学生自主学习，着力提升学生的思考能力、分析能力和价值判断能力。

通过对 Why、What、How 这三个问题的透彻讨论和解答，学生们对"国际投资学"课程的学习会有一个概括的、全面的认知，知道"从哪里来""到哪里去"以及"怎样到达"。

四、知识拓展

（1）教学平台随机分组，布置小组任务：搜集整理公开数据，试分析中国利用外资和对外直接投资的变化趋势、全球占比和位次、主要投资来源地、对外直接投资全球地区分布，下次课分小组展示讨论。

（2）请课下访问课堂中介绍的网络资源，熟悉资源的利用。

五、思政融入

问题链教学思政融入过程如图 1－2 所示。

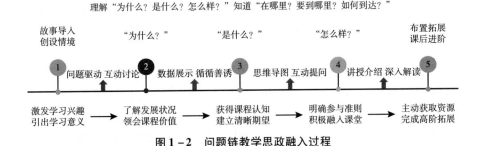

图 1 - 2   问题链教学思政融入过程

学期伊始，第一周第一次课必然是导论课，导论课一方面要介绍课程的核心内容和知识框架，介绍现已成熟的领域和方法，并引申至前沿问题和未知领域，另一方面，也是更为重要的一方面，是要将课程的内容和学生产生关联，让学生理解"为什么？是什么？怎么样？"，知道"在哪里？要到哪里？如何到达？"，这些问题，需要教师用心设计，进行个性化的回答。因为，当一名学生进入教师的课堂时，他可能没有在主动课堂中投入学习需要的能量和足够的勇气，所以，第一次的导论课对学生了解教师的教学规则、期望、基本原理而言是特别关键的，涉及能否增强课程"黏性"①，点燃学生的内在动机，以及创建一个有支持的班级社群。所以，这一次的案例教学设计从一个小故事开始，"循循善诱叩其两端"，通过一个个问题构成的问题链逐步引出了这堂课的核心内容——学习"国际投资学"的意义，并指出"学而不思则罔，思而不学则殆"②，一味读书而不深入思考，就会失去主见。而如果一味空谈空想而不进行扎扎实实的学习和钻研，则终将一无所得。启发学生们要注重学习和思考之间的关系，积极建构自己认知事物的坐标系。

这一思政点的融入，对于现在的大学生是非常有意义的。现代社会是一个信息高度发达的社会，每个人都像一个信号塔，能随时随地地接收和发射

---

① 黏性，也称用户黏性，是在线领域的一个概念，最初用于衡量一个网站吸引其用户持久访问的能力，后逐渐被用于其他在线领域，是在线领域的一个重要评价指标。参见张青妹．基于多模态话语理论的在线课程内容黏性研究［J］．兰州教育学院学报，2020，36（7）．此处的课程黏性是指学生对课程的关注度和持续时间，黏性越强，学生对课程内容的关注度越高、持续时间越长，课程教学效果越好。

② 出自《论语·为政》。释义：只一味地读书学习而不主动思考问题，就会迷惑而无所得；只空想却不去学习钻研、积累知识，也会陷入困境而无所获。

各种信息，在这样的时代，掌握信息的关键不在于拥有大量数据，而在于是否有能力对信息进行深入分析，穿越现象抵达本质，做出正确的价值判断，能够最终从"沙堆"里淘到"金子"。今天，中国面临的问题在全球化进程中愈发复杂，需要学生构建包含多重维度的认知体系，才能更客观地审视和度量现实生活中的各种问题，所以，能够独立思考、透过现象看到本质并做出相对正确的回应是特别重要的一件事。习近平总书记在北京大学师生座谈会上指出："面对世界的深刻复杂变化，面对信息时代各种思潮的相互激荡，面对纷繁多变、鱼龙混杂、泥沙俱下的社会现象，面对学业、情感、职业选择等多方面的考量，一时有些疑惑、彷徨、失落，是正常的人生经历。关键是要学会思考、善于分析、正确抉择，做到稳重自持、从容自信、坚定自励。"①

学习"国际投资学"课程的意义，就在于帮助学生形成国际投资领域的认知坐标系，为其建构自己的认知事物坐标系添砖加瓦。"学习是学习者基于特定的情境对知识主动建构的过程，而知识镶嵌于产生它的情境之中"②，所以，课程教学中通过创设问题情境、价值判断情境等培养学生分析问题、解决问题的能力，让学生在解决问题的过程中，认识问题和知识背后所蕴含的理论思维、方法论和价值判断，激发学生的思想碰撞和情感体验，进而实现对学生的价值引领。这时，"再来看看社会万象、人生历程，一切是非、正误、主次，一切真假、善恶、美丑，自然就洞若观火、清澈明了，自然就能作出正确判断、作出正确选择。"③

---

①③ 习近平. 青年要自觉践行社会主义核心价值观——在北京大学师生座谈会上的讲话（2014年5月4日）［M］//十八大以来重要文献选编（中）. 北京：中央文献出版社，2016：7-8.

② 张辉蓉，朱德全. 走出教学情境创设的误区［J］. 西南大学学报（社会科学版），2007（5）：126-129.

案例教学设计二：PBL 教学法[*]

改革开放四十年："引进来"与"走出去"

专业知识点		1. 国际投资的定义 2. 国际直接投资和国际间接投资
思政元素点		深入理解中国"引进来"与"走出去"相结合的国际战略
育人目标	知识传授	1. 知晓国际投资的定义 2. 区辨国际直接投资和国际间接投资 3. 熟悉中国利用外资和对外投资的发展状况
	能力培养	1. 能够独立搜集、利用、分析、解读宏观经济数据 2. 养成用动态的、发展的、联系的、全面的观点分析现实问题的专业素养
	价值引领	通过横纵向比较、评价中国利用外资和对外投资的发展态势，学生深刻感受到中国在利用外资和对外投资领域的快速发展，深入理解和切实认同"引进来"与"走出去"相结合的中国对外开放战略
教学设计		PBL 教学法：问题导入→小组展示→头脑风暴
知识拓展		1. 教学平台发布讨论：目前中国"引进来"与"走出去"双向投资面临何种挑战？如何应对？ 2. 请计算我国 2008~2019 年对外直接投资绩效指数，并分析其变动趋势 3. 访问以下网站，了解我国在"引进来"与"走出去"方面的政策法规： (1) 中国投资指南网，http：//www.fdi.gov.cn/ (2) 中国"走出去"公共服务平台，http：//fec.mofcom.gov.cn/article/ywzn/xgzx/guonei/201708/20170802624840.shtml 4. 推荐观看央视纪录片：《我们一起走过——致敬改革开放40周年》第三集《打开国门搞建设》和第四集《到世界市场的大海中去》

---

[*] PBL 教学法即以问题为导向的教学方法，是基于现实世界的以学生为中心的教育方式，是在教师的引导下，"以学生为中心，以问题为基础"，采用小组讨论的形式，学生围绕问题独立收集资料，发现问题、解决问题，培养学生自主学习能力和创新能力的教学模式。

一、理论概述

（一）国际投资的定义

国际投资主要指投资主体为获取经济利益而将货币、实物及其他形式的资产或要素投入国际经营的一种经济活动。

（二）国际直接投资和国际间接投资

国际直接投资是指投资者为了在国外获得长期的投资效益并拥有对企业或公司的控制权和经营管理权而进行的在国外直接建立企业或公司的投资活动，其核心是投资者对国外投资企业的控制权。① 国际间接投资一般是指不以控股为目标的国际证券投资以及中长期的国际信贷。前者是指以购买外国股票和其他有价证券为内容、以实现货币增值为目标而进行的投资活动。后者是指一国政府、银行或国际金融组织向第三国政府、银行、自然人或法人提供信贷资金。

二、问题导入

课堂伊始，教师引入中国政府网的一则新闻《李克强：要坚持引进来和走出去并重》②，进而提出问题，引发思考：什么是"引进来"，什么是"走出去"？为什么要"引进来"，为什么要"走出去"？中国"引进来"和"走出去"的发展状况是怎样的呢？

> ### 李克强：要坚持引进来和走出去并重
>
> 2018 年 5 月 21 日，李克强总理到商务部、海关总署考察并主持召开座谈会。他说，要坚持引进来和走出去并重，促进双向投资协调发展。

---

① 国际货币基金组织（IMF）对其描述为："从事获取投资者所在国之外的企业的长期利益的活动，投资者的目的是能够对企业的管理拥有有效的控制。"

② 李克强：要坚持引进来和走出去并重［R/OL］. 中国政府网，http://www.gov.cn/govweb/premier/2019–01/26/content_5361326.htm.

尽快修订完成外商投资负面清单，进一步放宽市场准入，研究实施更有力有效的吸引外资政策，加强知识产权保护，加快构建依法依规、公平竞争的环境，提高我国对外商投资的"磁吸力"，促进国内相关领域技术和管理水平提高。推动对外投资健康规范发展，更大范围、更深程度参与国际合作。

三、案例分析

结合前次课布置的课后作业和这次课的课堂内容分析，各小组代表展示数据分析统计。在小组展示时，老师引导学生利用、读懂、分析数据，通过纵向与横向比较来全面了解中国利用外资和对外投资的发展状况、主要投资来源地、对外投资地区分布以及全球占比和位次。

（一）纵向比较

图 2-1、图 2-2、图 2-3 为小组学生根据相关资料绘制的中国实际利用外资情况、中国对外直接投资流量及增速情况和中国双向直接投资对比情况。通过这种纵向比较分析，学生们了解了中国利用外资和对外投资的发展趋势，深刻感受到中国"引进来"与"走出去"取得的卓越成就。

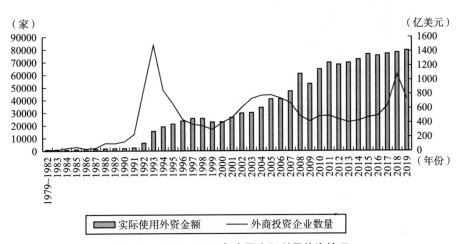

图 2-1 1979~2019 年中国实际利用外资情况

资料来源：小组学生根据中国商务部《2019 年度中国对外直接投资统计公报》计算整理。

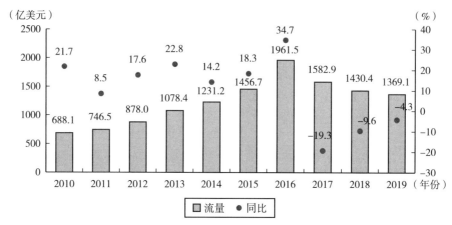

图 2-2 2010~2019 年中国对外直接投资流量及增速

资料来源：小组学生根据中国商务部、国家统计局、国家外汇管理局《2017 年度中国对外直接投资统计公报》《2019 年度中国对外直接投资统计公报》计算整理。

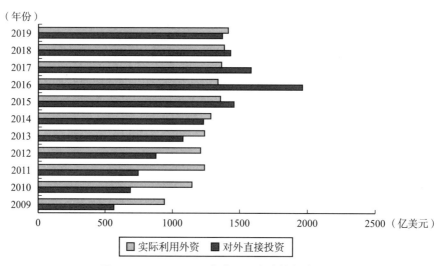

图 2-3 2009~2019 年中国双向直接投资对比

资料来源：小组学生根据中国商务部《中国外资统计公报 2020》计算整理。

（二）横向比较

在纵向比较的基础上进行横向比较，学生们继续对 2010~2019 年我国利用外资和对外直接投资的全球占比和位次以及我国利用外资的主要投资来源地和对外直接投资的全球地区分布进行深入剖析（见表2-1、表2-2），发现我国目前已成为全球第二大外资流入国①、全球第二大对外投资国（见表2-3、表2-4），在世界经济竞争多元化、全球化的背景下，国际投资在中国的经济增长中扮演着举足轻重的角色，经济国际化的标志已不再仅仅是对外贸易比重的扩大，也是国际投资地位的不断上升。

表2-1　　　截至2019年12月主要投资来源地前15位国家（地区）情况

国家和地区	实际投入金额（亿美元）	累计设立企业数（家）
毛里求斯	150.5	2488
开曼群岛	441.3	3666
荷兰	212.9	3668
法国	183.2	6035
萨摩亚	301.9	9104
英国	253.9	10040
德国	350.5	10834
中国澳门地区	172.6	18286
英属维尔京群岛	1695.8	24782
新加坡	1028.3	26111
日本	1157.0	52834
韩国	825.7	67375
美国	878.8	71914
中国台湾地区	694.0	112442
中国香港地区	11955.1	474773
其他	2603.2	107283

资料来源：小组学生根据中国商务部《中国外资统计公报2020》计算整理。

① 中国吸收外资逆势增长成为2020年全球最大外资流入国［R/OL］. 中华网，https：//news. china. com/domestic/945/20210125/39220517. html.

表 2 – 2   **2019 年中国对外直接投资流量全球地区分布**

地区	投资流量（亿美元）	同比（%）	比重（%）
亚洲	1108.4	5.1	80.9
拉丁美洲	63.9	−56.3	4.7
北美洲	43.7	−49.9	3.2
欧洲	105.2	59.6	7.7
大洋洲	20.8	−6.3	1.5
非洲	27.1	−49.9	2.0
合计	1369.1	−4.3	100.0

资料来源：小组学生根据中国商务部、国家统计局、国家外汇管理局《2019 年度中国对外直接投资统计公报》计算整理。

表 2 – 3   **2010～2019 年中国利用外资流量在全球占比及位次**

年份	流量（亿美元）	全球占比（%）	全球位次
2010	1147.34	8.22	2
2011	1239.85	7.68	2
2012	1210.73	8.10	2
2013	1239.11	8.51	2
2014	1285.02	9.15	2
2015	1355.77	6.64	5
2016	1337.11	6.74	3
2017	1363.15	8.02	2
2018	1383.05	9.25	2
2019	1412.25	9.17	2

资料来源：小组学生根据 UNCTAD 数据库数据计算整理。

表 2 – 4   **2010～2019 年中国对外直接投资流量在全球占比及位次**

年份	流量（亿美元）	全球占比（%）	全球位次
2010	688.1	5.2	5
2011	746.5	4.4	6

续表

年份	流量（亿美元）	全球占比（%）	全球位次
2012	878.0	6.3	3
2013	1078.4	7.6	3
2014	1231.2	9.1	3
2015	1456.7	9.9	2
2016	1961.5	13.5	2
2017	1582.9	11.1	3
2018	1430.4	14.1	2
2019	1369.1	10.4	2

资料来源：小组学生根据中国商务部、国家统计局、国家外汇管理局《2019 年度中国对外直接投资统计公报》计算整理。

通过横纵向比较学习后，学生们对改革开放以来中国利用外资和对外投资的发展状况及地位提升有了更深感触，更加深入理解和切实认同中国"引进来"与"走出去"相结合的国家战略。

（三）教师引导归纳总结

结合小组数据展示分析，教师进一步引导学生归纳总结中国利用外资和对外投资的发展历程。

通过对中国"引进来"与"走出去"发展阶段的共同分析（见图 2-4），学生们认识到中国经济的发展离不开世界经济，世界经济的繁荣也离不开中国。而无论是世界走向中国，还是中国走向世界，国际投资作为一种主要的国际经济活动都可以在其中扮演举足轻重的角色。可以说，中国发展国际投资将有助于实现生产要素的跨国流动和优化配置，开掘中国的动态比较优势和经济增长潜力。中国经济作为世界经济的一部分，既可以从世界经济繁荣中获取巨大的利益，同时，中国经济的高速增长和国内消费水平的迅速提高又为世界经济的增长提供着巨大的市场、更多的就业机会，以及更好的国际资源配置机遇。中国与世界，彼此成就，相得益彰。目前，世界经济正处于一个重新调整、完善的阶段，这给中国经济创造了许多新的机遇和回旋余地。掌握国际投资的规律，有效地利用这些机遇和余地将使后起的发展中的中国经济获得前所未有的发展。未来，中国必将走向更高水平、更深层次、更加法治化、更加可预期、更符合国际惯例的对外开放。

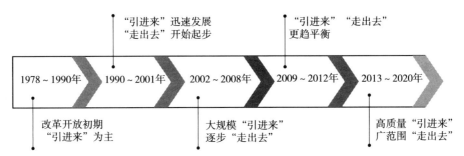

图 2-4　中国"引进来"与"走出去"发展阶段

四、知识拓展

（1）教学平台发布讨论：目前中国"引进来"与"走出去"双向投资面临何种挑战？应如何应对？

（2）请计算我国 2008～2019 年对外直接投资绩效指数[①]，并分析其变动趋势。

（3）访问以下网站，了解我国在"引进来"与"走出去"方面的政策法规：

①中国投资指南网，http：//www. fdi. gov. cn/。

②中国"走出去"公共服务平台，http：//fec. mofcom. gov. cn/article/ywzn/xgzx/guonei/201708/20170802624840. shtml。

（4）推荐观看央视纪录片：《我们一起走过——致敬改革开放 40 周年》第三集《打开国门搞建设》[②] 和第四集《到世界市场的大海中去》[③]。

---

① 联合国贸发会议（UNCTAD）发布的对外直接投资绩效指数（OND，一国对外投资流量占全球对外投资流量的份额与该国国内生产总值占世界生产总值的份额的比值）可衡量一国的对外直接投资水平。当 OND =1 时，表明该国或地区对外直接投资绩效达到世界平均水平；当 OND >1 时，则该国或地区绩效高于世界平均水平；当 OND <1 时，则低于世界平均水平。

② 视频地址：央视频，https：//w. yangshipin. cn/video？ type = 0&vid = l00001161eu&channel = txsp_quanwangsou。

③ 视频地址：央视频，https：//w. yangshipin. cn/video？ type = 0&vid = j000061tqtu&channel = txsp_quanwangsou。

五、思政融入

PBL 教学思政融入过程如图 2 – 5 所示。

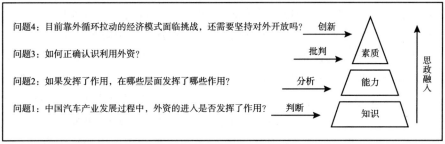

图 2 – 5   PBL 教学思政融入过程

认知科学的研究表明，只有在掌握了大量事实和基本知识的前提下，学生才能发展出教师希望他们具备的分析和批判性思维能力。[1] 也就是说，我们必须先了解事物本身，才能对其进行深入的分析和思考。前次课的小组任务要求同学们自己搜集数据，自己制作图表分析变动趋势，学生们已经掌握了我国"引进来"与"走出去"的大量事实，这一节课在老师的引导下一步步进行纵横向比较和深入的分析，进一步领略这些数据所传递的信息和所象征的意义。

在信息充沛的时代，把握信息的核心不在于占有大量数据，关键在于具备对海量数据进行分析、提炼的能力，能够利用数据挖掘到本质。所以通过纵向比较，学生们了解我国利用外资和对外投资的发展历程，深刻体会到了我国经济在这四十多年里已经取得的卓越成就。通过横向比较，了解了我国利用外资和对外投资的全球占比及位次，对于我国目前在国际投资领域里的重要地位有了深入认识。这种数据呈现和比较分析的方式不仅是让学生理

---

① 今井睦美. 深度学习：彻底解决你的知识焦虑［M］. 罗梦迪译，北京：北京联合出版公司，2018.

解国际投资发展的历史唯物史观，让大家看到国际投资发展的大势，同时也通过这样的教学塑造学生的国家利益观和全球分析的视野。比较分析让学生们更加深入理解了我国"引进来"与"走出去"相结合的国家战略，对改革开放以来我国利用外资和对外投资所引发的变化感受更深，认识到改革开放是决定当代中国命运的关键决策，也是实现中华民族伟大复兴的重要决策。"改革开放这场中国的第二次革命，不仅深刻改变了中国，也深刻影响了世界！"① 讨论之后，一位同学有感而发："何以解忧？唯有开放，居忧不惧；何以解忧？唯有改革，处忧不愁。"此言甚善，切中时弊。

由于在教学的过程中，每个小组都展示了部分资料（依据前次课布置的课后作业，展示某一方面的统计数据分析），老师将这些资料有机串联起来，引导大家分析，分析结束后，每个同学都觉得这个分析里有我的贡献，也是我的作品，这个感觉真是棒极了！班杜拉认为，人的动机受自我效能感②的影响。自我效能感不仅影响着个体处理困难时所采用的行为方式，也影响着他的努力程度和情绪体验。自我效能感越强烈，所采用的行为就越积极，努力程度也就越大越持久，同时情绪也是积极的。所以，通过这样的教学设计，学生们的自我效能感得以增强，学生们将更为积极主动地以更大的热情投入到今后的课程教学中去。

同时，这样的教学设计"因势利导、顺势而为"地达成了价值引领的目标。教学过程中富有"思政内容"，学生却不感觉唐突；教学内容里包含"思政味"，学生却无被"说教感"，学生因情感共鸣自然而然地接受，从而起到"润物无声"、潜移默化的效果。

---

① 习近平．开放共创繁荣　创新引领未来——在博鳌亚洲论坛 2018 年年会开幕式上的主旨演讲［M］．北京：人民出版社，2018．
② 班杜拉认为自我效能感是指"人们对自身能否利用所拥有的技能去完成某项工作行为的自信程度"。班杜拉．思想和行动的社会基础：社会认知论［M］．胡谊等译．上海：华东师范大学出版社，2018．

案例教学设计三：问题解析法

"入山问樵、入水问渔"①
——"非洲手机之王"传音崛起的逻辑

专业知识点	1. 产品特异化能力的定义 2. 产品特异化能力论的核心内容	
思政元素点	传音通过"深度洞察"和"高度适切"当地用户需求，进行产品本地化创新，在非洲市场取得了成功	
育人目标	知识传授	1. 知晓产品特异化能力的定义 2. 理解产品特异化能力论的核心观点
	能力培养	学生能够在探究传音非洲崛起的现实逻辑中掌握一切从实际出发、具体情况具体分析的辩证唯物主义工作方法
	价值引领	1. 传音的非洲崛起激荡学生自然生发民族自豪感和自信心 2. 通过课后拓展阅读，学生清晰认识到我国手机产业发展中的短板——芯片问题，进而激发学生报效祖国的主体精神，积极投身创新发展实践，自觉成为创新创业的践履者
教学设计	问题解析法：问题导入→头脑风暴→案例阅读→小组讨论→绘制思维导图	
知识拓展	1. 教学平台发布作业：绘制思维导图，基于产品特异化能力论分析传音成功的原因 2. 教学平台发布讨论：手机市场是一个更新迭代极为迅速的市场。从传音进入非洲的多年时间里，移动通信技术从 2G 升级至 5G，传音如何才能在这一趋势下继续保持强大的竞争力？ 3. 拓展阅读：《"芯"想事成：中国芯片产业的博弈与突围》	

---

① 出自明代庄元臣的《叔苴子》。意思是说，上山向樵夫问山路，渡河向渔夫问水情，要获得对山林和河湖的认识，就必须深入其中去向樵夫和渔夫询问，进行调查研究，从而获得正确的认识。喻指要根据实际情况分析处理问题。

一、理论概述

（一）产品特异化能力论的提出

1971 年，凯夫斯在《经济学》杂志上发表了一篇题为《国际公司：对外直接投资的产业经济学》的论文。该论文从产品差异化能力的角度对垄断优势理论进行了补充，强调跨国公司所拥有的使产品发生差别的能力是最重要的优势之一。

（二）产品特异化能力论的核心内容

凯夫斯将产品生产方面的技术优势与产品销售方面的技能优势合在一起称为跨国公司的产品特异化能力。他认为，为了扩大销路，适应市场上不同层次和不同地区的各种消费偏好，跨国公司既可以利用其技术优势使其产品的质量、包装、外形等实物形态特异化，又可利用市场技能使消费者的心理产生偏好。由此，公司就可以在东道国市场上取得对产品价格和销售量的某种垄断性控制能力。

二、问题导入

每一个知识点的开场非常重要，好的开场可以吸引同学们的注意力，激发他们的兴趣。具体而言，可以向一般人的思维定式挑战，可以提出有争议的问题，可以显示统计数字、展示图片，可以引入热点新闻时事，可以开展一个有意思的活动，也可以由一个和知识点相关的笑话或者幽默故事导入。在本案例中，教师首先在教学平台发起投票，提出一个挑战大家思维定式的问题。

问题一：非洲市场哪个手机品牌的市场份额最大？

问题提出后，课堂气氛立即活跃起来，同学们纷纷进入教学平台进行投票：苹果？三星？华为？VIVO？小米？……投票结束，老师给出答案，是传音，并向学生们展示图 3-1。"人们从不厌倦于了解知识——只要这些知识是指向他们心中悬而未决的巨大疑问。"① 这种问题导入的方式，充分激发了学生们的兴趣，大家自然而然地会提出第二个问题：传音是谁？

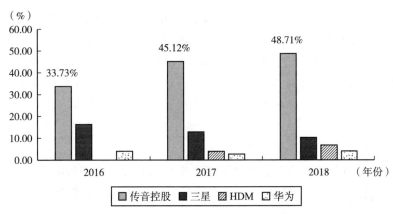

图 3 - 1　2016 ～ 2018 年非洲市场手机厂商市场占有率

资料来源：IDC。

问题二：传音是谁？

教师打开传音控股官方网页，在传音控股官方网页②，传音是这样介绍自己的：

传音控股致力于成为新兴市场消费者最喜爱的智能终端产品和移动互联服务提供商。自公司成立以来，传音一直着力为用户提供优质的以手机为核心的多品牌智能终端，并基于自主研发的智能终端操作系统和流量入口，为用户提供移动互联网服务。传音旗下拥有新兴市场知名手机品牌 TECNO、itel 及 Infinix，还包括数码配件品牌 Oraimo、家用电器品牌 Synix 以及售后服务品牌 Carlcare。作为科技企业出海的代表，传音是共建"一带一路"倡议、"共筑中非命运共同体"国家战略的坚定践行者，企业发展路径与"21 世纪海上丝绸之路"高度重合。在企业发展过程中，传音始终以新兴市场的消费者为中心，重视新兴市场被忽视的需求，让尽可能多的人尽早享受科技和创新带来的美好生活。经过多年的发展，传音现已成为全球新兴市场手机行业的中坚力量。2019

① 柴静. 看见 ［M］. 桂林：广西师范大学出版社，2013：248.

② 深圳传音控股股份有限公司，http：// www. transsion. com/profile。

年传音手机出货量 1.37 亿部，根据 IDC 统计数据，全球市场占有率 8.1%，排名第四；非洲市场占有率 52.5%，排名第一；印度市场占有率 6.8%，排名第五；孟加拉国市场占有率 15.6%，排名第二。在知名泛非商业杂志《非洲商业》（African Business）（2020 年 6 月）发布的"2019/2020 年度最受非洲消费者喜爱的品牌"百强榜中，传音旗下三大手机品牌 TECNO、itel 及 Infinix 分别位列第 5、21 及 27 名；在百强榜中，TECNO 连续多年位居入选的中国品牌之首，itel 位居中国品牌第二名。目前，传音全球销售网络已覆盖 70 多个国家和地区，包括尼日利亚、肯尼亚、坦桑尼亚、埃塞俄比亚、埃及、阿联酋（迪拜）、印度、巴基斯坦、印度尼西亚、越南、孟加拉国等。

对传音的介绍帮助大家大致了解了传音，但大家心中的困惑仍然存在，为什么是传音？在国内炭炭无名的传音凭借什么在非洲市场取得成功呢？由此展开案例分析。

三、案例分析

（一）第一轮头脑风暴：为什么是传音？

2006 年才成立的传音，凭什么在十余年时间就成为"非洲手机之王"，墙内开花墙外香？进一步开展头脑风暴，启发同学们探讨可能的原因。有的同学强调是不是传音技术领先；有的同学猜测是不是传音的手机设计符合非洲人的审美；还有的同学提到会不会像苹果手机怕冷一样，考虑到气温问题，传音手机耐高温；或者传音的手机价格低、经久耐用，适合非洲人民的消费水平……在老师的引导下，同学们形成了较为一致的认知：传音之所以能取得成功，是因为"入山问樵、入水问渔"，坚持一切从实际出发，具体问题具体分析，满足了非洲人民的某些需求，那么，满足了哪些需求呢？由此展开第二轮的头脑风暴。

（二）第二轮头脑风暴：非洲市场消费者对手机的具体需求是什么？或者说，需求痛点在哪里

引导学生结合自己平时的手机使用体验，以及非洲的气候、社会经济环境、人文习俗，让大家设想如果你是非洲人你会需要什么特点的手机。之后，

在老师的启发和引导下开展第二轮头脑风暴：非洲天气炎热，易出汗；非洲人肤色黑，爱唱歌跳舞；非洲人口众多，经济不够发达，基础设施差……在这个过程中，教师可以快速将同学们提出的关键词按照表达的顺序记录在黑板上，也可以提前准备一些道具，加深印象，引发思考。例如，可以准备一张比较大的黑色卡纸，上面贴上几个小白纸块，在暗光条件下让大家用手机拍照，发现问题。头脑风暴之后，教师可以鼓励学生们对这些快速记录下来的想法进行筛选、归类、排序并进行进一步分析，大家可以一起思考如何在这些想法之间建立起联系。通常情况下，将不同的人即兴说出的观点组合在一起时，能够产生一些很有新意的联系。

（三）案例阅读、小组讨论、代表发言

两轮头脑风暴之后，教师通过教学平台发布教师整理的案例阅读资料（见附录1）。阅读之后，进行小组讨论，同时发放小组讨论工作单（见附录2），讨论的主题：结合产品特异化理论和案例阅读资料，分析传音"非洲崛起"的现实逻辑。讨论结束后，各小组代表发言。[①]

课堂小组讨论是学生在教师引导下为解决某个问题而交流探讨和辨明是非真伪以获得新的认知的教学策略。"学习是基于合作的冲刺与挑战"[②]，为了获得好的讨论效果，教师需要在设置讨论的主题、设计讨论的流程、安排讨论的时间以及呈现或检验讨论的成果等方面，有所安排、有所重视、有所落实、有所作为。首先应制定规则，"规则即育人"。例如为充分调动每个小组成员的积极性，可以采用"轮流坐庄"的方法选任小组长；讨论时可以实行"一个声音策略"，即在小组长的组织下讨论，一人发言其他人用心倾听，然后分析、评价、修正、补充、质疑；可以给每个小组成员编号，讨论后教师随机选择某个编号成员作为小组代表发言，达成小组成员深度参与的目标。其次，要合理呈现小组讨论的成果。例如，合理设计小组讨论工作单，将讨论过程中学生们的观点记录下来；小组代表发言，汇总呈现小组观点……这样，学生通过热烈的讨论、充分的交流、思维的碰撞，甚至是思想

---

① 如何设计才能让每位同学认真准备、积极参与，需要老师多想想办法。笔者在课堂上采取的方法是：给每位小组成员编号，讨论结束后小组代表分享前宣布小组代表编号，编号随机，通过这种设计，让每位学生都积极参与到小组讨论中去。

② 佐藤学. 学校的挑战：创建学习共同体［M］. 钟启泉译. 上海：华东师范大学出版社，2010：21.

上的质疑和价值上的冲突等，实现"共析疑难，互帮互助"，获得成就感、满足感和幸福感。

四、知识拓展

（1）教学平台发布作业：绘制思维导图，基于产品特异化能力论分析传音成功的原因。①

（2）教学平台发布讨论：手机市场是一个更新迭代极为迅速的市场。在传音进入非洲的多年时间里，移动通信技术从2G升级至5G，传音如何才能在这一趋势下继续保持强大的竞争力？

（3）拓展阅读：《"芯"想事成：中国芯片产业的博弈与突围》②。

五、思政融入

问题解析法教学思政融入过程如图3-2所示。

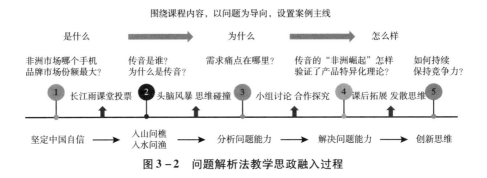

图3-2　问题解析法教学思政融入过程

---

① 部分学生作业见附录11中的图12A-1、图12A-2和图12A-3。学生在教学平台提交的作业教师要给予及时的反馈。一方面，可以在后一次课堂中展示优秀作业。因为优秀作业的展示能产生更大激励，课堂上老师讲得再多、再好，对学生的触动可能都不如同伴的冲击更大。另一方面，及时反馈作业暴露出来的问题，指出优秀作业优秀在何处，有助于学生查漏补缺，有利于学生在完成下次作业时及时调整。

② 陈芳，董瑞丰."芯"想事成：中国芯片产业的博弈与突围 [M].北京：人民邮电出版社，2018.

　　在本案例的教学设计中，教师首先在教学平台发起投票，提出一个挑战大家思维定式的问题。这样的问题导入方式，能立即激发起学生们的兴趣。在此之后，教师不断提出问题，由"知识性问题—理解性问题—应用性问题—分析性问题—评价性问题"[①]，引导学生们一步步深入，形成"激励—回馈—再激励—再回馈"的有机循环，最终引导学生们一步步走向问题的核心。

　　在这个过程中，通过两轮头脑风暴、阅读案例资料和参与小组讨论，同学们了解了中国手机产业海外发展的情况，明白了"非洲手机之王"传音崛起的逻辑，油然而生一种民族自豪感。通过布置课后任务绘制思维导图，学生进一步沉淀思想，链接各方面影响因素并认真探究它们之间的关系，从产品特异化能力理论的多维角度进行全面考察，以便更深入地分析认识传音成功的原因，开展更为高阶的学习和思考。

　　通过拓展阅读和教学平台的讨论，学生则清晰地认识到我国手机产业发展中的短板——芯片问题，进而认识到"积极投身发展实践，想国家之所想、急国家之所急，紧紧围绕经济竞争力的核心关键、社会发展的瓶颈制约、国家安全的重大挑战，不断增加知识积累，不断强化创新意识，不断提升创新能力，不断攀登创新高峰"[②]的迫切性和必要性。

　　这一次的教学设计不仅通过"是什么"引起学习兴趣，通过"为什么"引发深入探讨，还通过课后拓展"怎么样"引导学生进行进一步的思考。几周之后的课前活动"三分钟经贸新闻述评"里，有同学经由手机芯片问题关注到从 2020 年 12 月开始影响全球科技产业的"芯片荒"问题，并进行了课堂分享。这说明课程教学引导学生们更多关注中国现实，学生正尝试着站在关注现实世界的高度展开学习。"操千曲而后晓声，观千剑而后识器"[③]，这样的尝试会越来越多，效果会越来越好！

　　同时，课程教学中坚持古为今用、以古鉴今，积极发掘中华文化中积极

---

　　① 详见附录 3：布鲁姆—特内教学提问类型。

　　② 习近平看望参加政协会议的民进农工党九三学社委员 [R/OL]. 央广网, http://china. cnr. cn/news/20170305/t20170305_523636394. shtml.

　　③ 出自刘勰的《文心雕龙·知音》，指演奏上千首乐曲才能懂得音乐，观察过上千把宝剑才能知道如何识别剑器，意在强调实践的重要性。此处意指学生在学习过程中要注意思维训练，在自主学习和探究的过程中不断提升学习力、思考力和思辨力。

的治理理念同国际投资理论的"共鸣点"。产品特异化能力论，其实暗合着中国古代文化中"入山问樵，入水问渔"的方法论，暗合着"一切从实际出发、具体问题具体分析"的马克思主义哲学基本原则。这样，通过对中华传统文化的创造性转化和创新性发展，实现了传统文化与现代理论的相融相通，共同服务于以文化人的时代任务。

案例教学设计四：五星教学法*

"新故相推，日生不滞"①
——全球纺织产业迁移历程

专业知识点	1. 产品生命周期的三阶段分析 2. 产品生命周期理论的现实意义		
思政元素点	正确看待中国纺织品出口大国地位，深切认同创新驱动发展战略		
育人目标	知识传授	1. 明晰产品生命周期的三阶段分析 2. 理解产品生命周期理论对国际贸易和国际投资产生基础的分析 3. 深谙产品生命周期理论的现实意义	
	能力培养	1. 能够利用产品生命周期理论分析产业全球迁移的动因和基础 2. 锤炼根据产品生产条件和竞争条件进行对外直接投资决策的能力	
	价值引领	1. 通过全球纺织产业迁移历程的分析，学生养成国家利益观和全球分析的视野 2. 学生深切认同我国创新驱动发展战略，切实体悟到创新能力是国家和企业获得生存能力和优势地位的关键要素	
教学设计	五星教学法：聚焦问题→激活旧知→示证新知→应用新知→融会贯通		
知识拓展	1. 同伴评议写作：请查阅文献，了解某一产业在全球是如何迁移的，迁移的方向是怎样的，迁移的驱动力是什么，并撰写研究报告。研究报告要求格式规范，采用课程论文专用模板。 2. 教学平台展开讨论：结合今天课程的学习，请谈一谈你计划如何培养自己的动态比较优势。 3. 推荐阅读：《棉花帝国：一部资本主义全球史》《变量：看见中国社会小趋势》		

---

* 五星教学法是当代国际著名教育技术理论家和教育心理学家梅瑞尔（M. David Merrill）教授近年来一直倡导的教学理论，用以改进在线教学或者多媒体教学学习中只重视信息呈现、忽略有效教学特征的弊端。五星教学法的实质是：具体的教学任务（教学事实、概念、程序或原理等）应被置于循序渐进的实际问题解决情境中来完成，即先向学习者呈现问题，然后针对各项具体任务展开教学，接着再展示如何将学到的具体知识运用到解决问题或完成整体任务中去。只有达到了这样的要求，才是符合学习过程（由"结构—指导—辅导—反思"构成的循环圈）和学习者心理发展要求的优质高效的教学。盛群力，魏戈. 聚焦五星教学［M］. 福州：福建教育出版社，2015.

① 源于清初三大思想家之一王夫之的《尚书引义·太甲》。新，即为新生事物，与旧相对。日生，指太阳升起。滞，停滞不前。意指新旧事物交替变更，不会随着时间的变化而停滞不前。

一、理论概述

（一）产品生命周期理论的提出

1966 年，美国哈佛大学教授维农（R. Vernon）在《经济学季刊》上发表了《产品周期中的国际投资和国际贸易》这篇论文。在这篇论文中，维农指出，区位因素的相对重要性会随着跨国公司生产经营的产品本身之生命周期不同而变化，从而产品生命周期对公司参与国际经济活动的方式选择起决定性的影响。他将企业的垄断优势和产品生命周期以及区位因素结合起来，从动态的角度考察了企业的海外投资行为。由于维农是从产品生命周期的不同阶段来阐述跨国公司对外直接投资活动的，故他的理论被称为国际直接投资的产品生命周期理论。

产品的生命周期并不是指产品本身由新变旧的周期，而是指一个产品从开发、发展直到被淘汰的各个不同阶段的全部历程，是指产品在市场运动中的营销寿命周期。维农认为，产品生命周期大致可以分为创新、成熟和标准化三个阶段，跨国公司的对外直接投资是公司在产品生命周期运动中，因生产条件、竞争条件等区位因素发生变动后所做的选择。这表明，在国际生产中，任何产品的生产地点将在一定程度上取决于该产品处在生命周期中的哪一个阶段，而外国直接投资（FDI）则是国际生产过程或产地转移的结果。

（二）产品生命周期三阶段分析①

维农把产品的整个生命周期分为三个阶段，即产品创新阶段、产品成熟阶段和产品标准化阶段，认为在产品生命周期的不同阶段，企业将采取不同的国际贸易和对外直接投资战略。

在产品创新阶段，由于创新企业垄断着新产品的生产技术，并且国内尚未出现竞争者，产品的消费者主要限于高收入群体，市场需求的价格弹性很小，创新企业可以通过维持垄断高价吸收前期高研发投入和高生产成本。所以，在此阶段，创新企业一般是在本国组织生产，在占领国内市场的同时适当向高收入国家出口，以获取高额垄断利润。维农认为，研究与开发资金较

---

① 陈建安. 国际直接投资与跨国公司的全球经营［M］. 上海：复旦大学出版社，2016：53.

多的发达国家，一般最有可能开发新产品，因此新产品的创新企业一般在发达国家，尤其是在美国。

在产品成熟阶段，由于产品生产的技术扩散，竞争的不确定性减弱，对高度熟练劳动的需求减少，市场上出现了仿制者和竞争者，价格对于需求的影响程度增大，降低成本成了竞争的关键。当边际生产成本与边际运输成本之和逐渐超过产品在国外生产的平均成本时，创新企业便开始对外直接投资，在国外建立子公司进行当地生产。同时，在国外也开始出现竞争者，一些厂商仿制这些产品，并直接威胁创新企业的技术优势。为了维持原有市场份额，阻止外国竞争者的进入，创新企业往往通过直接投资的方式来保护自己的竞争优势。一般来说，在这一阶段，创新企业总是先到具有一定的收入水平和生产技术水平、需求类型与母国相近，且劳动力成本相对低于母国的其他发达国家投资建立国外子公司。

在产品标准化阶段，产品的生产技术已经普及，技术因素已退居次要地位，生产已实现批量化，国内外企业都能进行同类产品的生产，竞争的重心已从技术竞争转向成本和价格竞争。于是，创新企业及其他发达国家的相关企业便选择劳动力成本更低的发展中国家投资建厂，以确保价格竞争优势，并将部分产品返销到本国市场。

（三）产品生命周期理论的现实意义

首先，产品生命周期理论揭示了任何产品都和生物有机体一样，有一个从诞生、成熟到衰亡的过程，从技术创新、技术进步和技术传播的角度分析了国际贸易和国际投资产生的基础。

其次，产品生命周期理论动态地考察了比较优势的转移过程，揭示了对外直接投资的动因和时机选择，具体分析了跨国公司如何根据产品生产条件和竞争条件进行对外直接投资决策。

最后，产品生命周期理论反映了当代国际竞争的特点，即创新能力是获得企业生存能力和优越地位的重要因素。

二、问题导入

这一节的教学按照五星教学法（见图4-1），依次开展"聚焦问题""激活旧知""示证新知""应用新知""融会贯通"五个环节，实现有效教学。

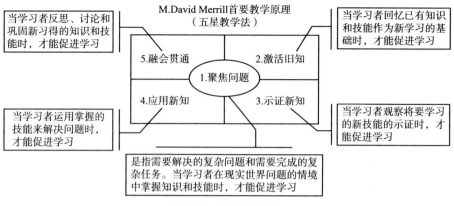

图4-1　五星教学法

资料来源：梅里尔. 首要教学原理［M］. 盛群力，钟丽佳等译. 福州：福建教育出版社，2016：20-21.

认知科学的研究表明，当学生在学习中遇到问题或者是要完成学习任务的时候，如果他的经验和能力不足以完成这些任务或者完成得不够好，就会产生比较强烈的学习欲望。而当学习有了动力之后，就能够进行有效的学习。所以在课堂的开始，教师需要跟学生建立链接，把课程的知识点转变为问题或者任务的形式展现在学生面前，以激发学生进一步学习的欲望。基于此，五星教学法的第一步就是"聚焦问题"。所以，这一次课的开始，首先引入《21世纪经济报道》的一则新闻《纺织业转移订单留存调查：人力成本占比飙升超50%，产业链上行承压》①，利用新闻激发兴趣，并聚焦问题：纺织业迁移的动因是什么？在什么时间通过什么方式实现迁移？

> **纺织业转移订单留存调查：人力成本占比飙升超50%，**
> **产业链上行承压**
>
> 　　纺织产业是典型的劳动密集型产业，劳动力优势让中国成为世界第一大纺织品出口国，但从2012年开始，随着我国人口红利逐渐消失，人工成本逐年提高。调查显示，东南沿海地区纺织厂工人工资集中在

---

① 节选自陈洁等. 纺织业转移订单留存调查：人力成本占比飙升超50%，产业链上行承压［N/OL］. 21世纪经济报道，https：//m.21jingji.com/article/20201110/herald/80426c19fdcf1c9a7ef23 f0ead0801ab.html.

5000～10000 元，中西部地区工人工资大致在 3000～6000 元左右。人工成本不断提升，产品价格却提不上去，利润空间被压缩，导致纺织企业面临压力。

2020 年 2 月 18 日，中国纺织工业联合会产业经济研究院发布 2019 年我国纺织行业经济运行情况，纺织行业盈利压力显著增加，产业链多数环节效益持续承压。全年，3.5 万户规模以上纺织企业实现营业收入 49436.4 亿元，同比减少 1.5%，增速低于 2018 年 4.4 个百分点；实现利润总额 2251.4 亿元，同比减少 11.6%，增速低于上年 19.6 个百分点。

人力成本高企，尤其是东部企业人力成本较高，这使我国的纺织服装产业链出现两个趋势，一个是从东部向中西部迁移，另一个是从我国向东南亚和印度等地迁移。

三、案例分析

（一）教学平台发布前测"激活旧知"

在利用一则新闻"聚焦问题"之后，通过前测①与学生已有的知识建立链接，激活他们已有的知识和经验，便于导入新知。同时也可以了解学生对"国际贸易学"课程中已经学习过的产品生命周期理论的掌握情况。"学习是从既知世界出发，探究未知世界之旅，是超越既有经验和能力，形成新的经验能力与挑战。"② "一个人对已知掌握得越好，他就越能用有创造力的方法解决新问题。不练习独创性与想象力，就没法积累知识。同样地，没有扎实的知识基础，创新也只是空中楼阁。"③

---

① 前测时间可以设置得稍微宽裕一些，在前测过程中，允许邻座同学之间交流探讨，佐藤学认为邻座学生结成的互学关系，是有效发展"合作学习"的基础。见佐藤学. 学校的挑战：创建学习共同体［M］. 钟启泉译. 上海：华东师范大学出版社，2010：23.

② 佐藤学. 学校的挑战：创建学习共同体［M］. 钟启泉译. 上海：华东师范大学出版社，2010：20.

③ 布朗，勒迪格三世，麦克丹尼尔. 认知天性：让学习轻而易举的心理学规律［M］. 刘锋译. 北京：中信出版社，2018：32 - 33.

（二）教师采用启发式讲解、提问式讲解和头脑风暴的方式"示证新知"

讲授法的关键不在于提供信息，而在于通过提供适当的信息，为学生提供一个平台，启动他们自主探究的热情和行动。结合产品在其生命周期三个不同阶段的不同特点，教师引导学生分别探讨"为什么要到境外去投资""为什么能到境外去投资""应该去什么地方去投资"的问题（见图4-2），进一步揭示跨国公司的对外直接投资是公司在产品生命周期运动中，因生产条件、竞争条件等因素发生变动后所做的选择。

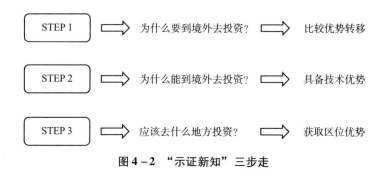

图4-2 "示证新知"三步走

（三）教师布置小组任务展开小组讨论来"应用新知"

"应用新知"即对新学到的知识进行应用，这样可以强化学生对"新知"的认知，让学生在讨论过程中内化吸收新知，灵活地应用新学的知识来分析更多的现实问题，以达成"学以致用"的目标。"最为有效的练习，是那些可以反映出你今后如何运用自己知识的练习。决定你今后知识运用水平的，不仅是你知道些什么，还有你如何将你的所知付诸实践。"① "应用新知"的过程中，教师不仅仅需要提供对话空间，还要协调对话规模、提供对话支架，这一环节分两个阶段进行。

第一阶段开展头脑风暴分析全球纺织业迁移历程。了解了产品生命周期理论对国际直接投资的解释后，再具体到全球纺织业的迁移历程上来，教师继续抛出问题："纺织业的全球迁移是怎样的？每一次迁移的驱动力是什

① 布朗，勒迪格三世，麦克丹尼尔. 认知天性：让学习轻而易举的心理学规律 [M]. 刘锋译. 北京：中信出版社，2018：67-68.

么?"通过头脑风暴引导学生分析纺织工业全球迁移的六个阶段①,并探讨每次迁移的具体动因和时机选择,回答第一阶段"聚焦问题"提出的问题。

头脑风暴之后,教师继续启发学生进行思考:"新故相推,日生不滞",怎样才能在激烈的国际竞争中获取持续的竞争优势呢?对于国家而言,应该如何选择?对于企业而言,又应该如何决策?

第二阶段结合现实热点问题"新疆棉花"开展小组讨论。这个环节采取小组讨论的形式进行,小组展开讨论并填写小组讨论工作单。讨论的主题是:为何剑指"新疆棉花"?讨论之后,小组代表发言。

讨论过程中,教师不断巡视,提出问题,引导学生思考。这个过程需要教师时刻保持高度敏感,及时抓住有意义的问题,在同学们的思维中形成碰撞、冲突,产生质疑,进一步提升他们的思考品质。

(四) 教师归纳总结,融会贯通

"师也者,教之以事而喻诸德者也。"②"应用新知"之后,教师要进一步引导学生融会贯通,提炼升华,让学生内化和反思前述内容,以促进学生及时记忆知识、构建知识体系以及深入思考,从而提高学生的学习力、思考力和思辨力。

首先,引导学生用"大历史观"视野和"国际化视野"来认识和分析问题,穿越现象抵达本质。

在全球史的框架里,世界历史中的很多因素都不是孤立的,各种制度、运动和事件通过各种方式产生相互关联,基于全球性的联系、影响和互动来展现。全球纺织业迁移历程的分析,不仅是让学生理解全球纺织业发展的历史唯物史观,让大家看到贸易和投资发展的大势,同时也通过这样的课程塑

---

① 全球纺织业的转移可以划分为 6 个阶段:近代纺织工业化生产起源于第一次工业革命时期的英国,美国在 20 世纪初接力英国成为新的纺织制造中心,二战后全球纺织制造中心转向日本,20世纪 70 年代后又逐步转移到韩国、中国台湾和香港地区;随后,中国在 1992 年确立社会主义市场经济的发展目标后开放程度提高,2001 年加入 WTO 后对外贸易迅猛发展,顺利成为全球纺织制造中心。近年来,东南亚国家由于劳动力成本等方面的优势开始逐步承接其他国家部分低端制造产能,纺织品制造和出口贸易快速增长,纺织制造中心有向东南亚国家转移的趋势。而从国内看,纺织产业正在由东部地区向中西部等地区转移。详见附录4。

② 出自西汉戴圣的《礼记·文王世子》。译文:凡为师者,都要注重德才兼备,不仅要教授学生"谋事之才",更要传授学生"立世之德"。此处意指老师对学生的影响,离不开老师的学识和能力,更离不开老师为人处世、于国于民、于公于私所持的价值观。

造学生的国家利益观和全球分析的视野，从历史和现实、理论和实践相结合的角度深入阐释如何更好坚持中国道路、弘扬中国精神、凝聚中国力量。

其次，引导学生切身体会价值链中话语权的重要性。

如图4-3微笑曲线所示，一些发达国家把棉纺织业的生产加工流程转移到了部分第三世界国家，但是，纺织业生产制造优势的转移，并不意味着话语权的转移，整个产品体系的关键点仍然在价值链顶端的国家手中。作为这次转移的中心目的地，中国也好，印度也罢，它们实际上都只是承担了棉花的种植业和制造业。处于整个产业链顶端的商业品牌仍旧属于欧美，整个产业链还是由欧美主导，他们仍然可以随时打击你。

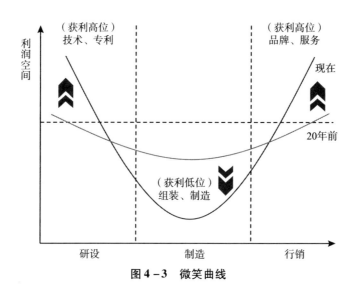

图4-3　微笑曲线

最后，回看理论，体悟反思。

基于前两点分析，进一步提出问题，引发讨论①：这时再回看产品生命周期理论，你会有哪些新的感悟呢？

四、知识拓展

（1）同伴评议写作：请查阅文献，了解某一产业在全球是如何迁移的，

---

① 通过教学平台的弹幕功能展开互动。

迁移的方向是怎样的，迁移的驱动力是什么，并撰写研究报告。① 研究报告要求格式规范，采用课程论文专用模板。

（2）教学平台展开讨论：结合今天课程的学习，请谈一谈你计划如何培养自己的动态比较优势。

（3）推荐阅读：《棉花帝国：一部资本主义全球史》②、《变量：看见中国社会小趋势》③。

五、思政融入

五星教学法思政融入过程如图 4-4 所示。

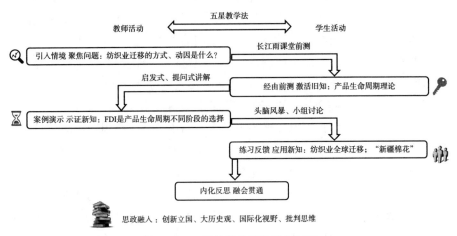

图 4-4　五星教学法思政融入过程

这一次的课程由一个"现象"导入，这个现象大部分人都好像了解一

---

① 教师提前在教学平台发布评价量规。具体评议方法：报告完成后小组内两两交叉交换研究报告，同伴阅读文章，根据教师的评价量规，撰写三段回应的话：第一段简要阐述该文章的优点，第二段讨论该文章的问题，第三段描述"如果这是我的文章，我会注意修改哪些方面"。

② 贝克特. 棉花帝国：一部资本主义全球史［M］. 徐轶杰，杨燕译. 北京：民主与建设出版社，2019.

③ 何帆. 变量：看见中国社会小趋势［M］. 北京：中信出版社，2019. 该书第二章"在无人地带寻找无人机"中描写了新疆正在经历的一波造福运动，当地人通过无人机技术和自动化机器大规模种植棉花，技术正在改变农业生产效率，也显示了我国农业的发展潜力。

些，但是似乎又不是很了解。"了解一些"，所以可以"激活旧知"，激发同学们的已有知识，与新知做好联结的准备。而"似乎不了解"则表明有继续学习的空间，学生因此而有继续学习探究的热望，需要教师"示证新知"。所以，这一次的课程导入比较吸引学生，小组讨论比较热烈。

在"示证新知"环节，教师通过引导学生探讨"为什么要到境外去投资""为什么能到境外去投资""应该去什么地方去投资"的问题，说明比较优势是在不断转移的，"新故相推，日生不滞"，创新能力是国家和企业获得生存能力和优越地位的关键要素。

小组讨论"应用新知"环节，基于产品生命周期理论的分析，结合纺织业全球迁移历程的头脑风暴，教师引导学生们辩证审视"新疆棉花"这一广为关注的热点问题。课堂的魅力在于回应学生关注的问题，及时面对困扰学生的热点话题，既要讲清楚是什么，也要讲明白为什么，更要讲透彻该怎么办。在教师的组织和引导下，在学生们的思维碰撞和冲突中，学生们意识到中国目前是纺织产品生产制造大国，但是产业链的话语权仍然掌握在西方国家手中。如果要在激烈的国际竞争中长久地立于不败之地，不被别人"卡脖子"，必须坚持创新，善于发现和把握未来的发展趋势，并提前布局。对于企业而言，则要积极地开展跨国经营，利用产品生命周期不同阶段的有利条件、利用不同国家的不同区位优势长久保持比较优势，同时着眼未来，坚持创新，不断培育新的动态的比较优势。由国家、企业及人，学生们进一步认识到，每个人都要"坚定理想信念、苦练过硬本领、勇于创新创造、矢志艰苦奋斗、锤炼高尚品格"①，着眼未来，培育自己的动态比较优势，为实现中华民族伟大复兴的中国梦而接力奋斗。这样，经由"应用新知"环节的讨论和引导，"创新立国"的战略就深入人心了，有学生不禁感叹：唯改革者进，唯创新者强，唯改革创新者胜。

"融会贯通"环节意在让学生内化和反思所学内容，以促进学生及时记忆知识、构建知识体系以及深入思考，进而提高学生的学习力、思考力和思辨力。所以，在这一环节，教师引导学生回看产品生命周期理论的学习过程来谈谈反思和感悟，在学生的讨论里，"大历史观""国际化视野""穿越现象抵达本质""话语权""坚持创新""动态比较优势""逆周期反周期"等

---

① 习近平. 在同各界优秀青年代表座谈时的讲话 [R/OL]. 新华网，http：//www. xinhuanet. com/politics/2013－05/04/c_115639203. htm.

成为了关键词。

　　一周之后的课前活动"三分钟经贸新闻述评"里，有同学利用产品生命周期理论分析了显示面板的产品生命周期和全球迁移过程，并介绍了京东方公司的市场占有率从无到有，2018 年以 30% 的市场占有率成为世界显示行业的领先者，在一定程度上解决了中国"少屏"的问题，尝试着运用所学的专业理论来深入剖析现实问题。学以致用，用以促学，学用相长，学无止境。甚好！

置关税、配额以及当地标准等贸易壁垒的手段来吸引和鼓励外国厂商对其直接投资。这些势必会对跨国公司的 FDI 决策产生影响。

三是政府政策因素。东道国和母国政府对 FDI 的政策必然会影响和制约跨国公司的直接投资行为。

四是市场特征因素。东道国市场的规模、地理位置、发展阶段、消费水平、竞争程度和成长前景等特征是能否吸引国外投资者的重要因素。东道国市场规模的大小直接关系到 FDI 投资者利用规模经济的可能性。同时，试图满足不同消费者偏好的国际生产和营销活动，只有在东道国市场容量足够大的情况下才是经济的。对于跨国公司而言，东道国市场与本国市场在地理距离、经济距离和由历史、文化、语言、风俗、偏好、商业习惯等方面形成的心理距离都会对直接投资的决策产生很大的影响。跨国公司一般倾向于去与本国地理接近、文化背景差异不大的国家或地区投资。除了东道国的市场因素以外，母国的市场状况与跨国公司的 FDI 决策也有影响。

二、问题导入

这一次课按照 BOPPPS 有效教学模式（见图 5-1），依次开展"先行案例导入""明确教学目标""前测了解基础""小组讨论参与""反馈学习效果""总结评价引导"六个环节，实现"有效教学"。

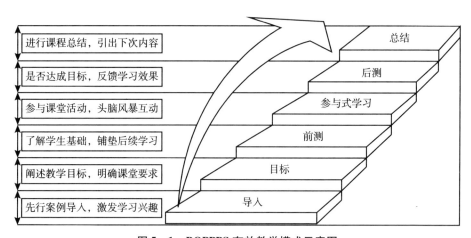

图 5-1　BOPPPS 有效教学模式示意图

首先，由商务部的一则新闻《中国商务部：2020 年中国利用外资增长 6.2% 规模创历史新高》① 引出问题："为什么来中国投资？"

中国商务部：2020 年中国利用外资增长
6.2% 规模创历史新高

2020 年，中国成功应对新冠肺炎疫情带来的严重冲击，在全球跨国直接投资大幅下降的背景下，全年实际使用外资逆势增长，实现了引资总量、增长幅度、全球占比"三提升"，圆满完成稳外资工作目标。全年利用外资呈现四个特点：

一是引资规模创历史新高。2020 年，全国实际使用外资 9999.8 亿元人民币，同比增长 6.2%（折合 1443.7 亿美元，同比增长 4.5%；不含银行、证券、保险领域，下同），规模再创历史新高。

二是引资结构进一步优化。服务业实际使用外资 7767.7 亿元人民币，增长 13.9%，占比 77.7%。高技术产业吸收外资增长 11.4%，高技术服务业增长 28.5%，其中研发与设计服务、科技成果转化服务、电子商务服务、信息服务分别增长 78.8%、52.7%、15.1% 和 11.6%。

三是主要来源地保持稳定。对华投资前 15 位国家和地区，投资增长 6.4%，占比 98%，其中荷兰、英国分别增长 47.6%、30.7%。东盟对华投资增长 0.7%。

四是区域带动作用明显。东部地区吸收外资增长 8.9%，占比 88.4%，其中江苏、广东、上海、山东、浙江等主要引资省份分别增长 5.1%、6.5%、6.6%、20.3% 和 18.3%。东北地区和中西部地区部分省份增长明显，辽宁、湖南、河北等省份分别增长 13.7%、28.2% 和 35.5%。

---

① 中国商务部：2020 年中国利用外资增长 6.2% 规模创历史新高［R/OL］. 中华人民共和国商务部，http：//www.mofcom.gov.cn/article/i/jyjl/j/202101/20210103032941.shtml.

三、案例分析

（一）简述本次课程的学习目标与重难点内容

本次课程的学习目标与重难点内容如表 5 – 1 所示。①

表 5 –1　　　　　　　　　本次课程的学习目标与重难点内容

知识探索	1. 识记区位优势的定义 2. 区辨区位优势的类型 3. 分析区位优势的影响因素 4. 理解区位优势的重要性
能力培养	1. 能够利用区位优势理论深度分析探究现实区域的区位优势 2. 锤炼客观审视和多维解读现实问题的能力
价值引领	1. 学生"知中国，爱中国"，坚定中国特色社会主义道路自信、理论自信、制度自信、文化自信 2. 学生涵养社会责任感和主人翁意识，切实体悟到个人价值实现与国家民族命运紧密相连的家国情怀
学习重点	区位优势的内涵、类型及影响因素
学习难点	理论联系实际分析具体区域的区位优势

（二）前测②

这一环节首先介绍区位优势的定义和类型，在学生们了解了这些基础知识之后，采取教学平台发布主观测试题的形式，给大家三分钟时间思考和回答影响区位优势的可能因素。

---

① 通过对重难点内容和学习目标的介绍，呈现本节课的内容逻辑，学生可以进一步明确学习任务。

② 前测可以采取提问、小测验、讨论、头脑风暴等不同形式，目的是了解学生的兴趣与能力，进而根据前测结果调整课程内容的深度与进度。

（三）参与式学习

1. 头脑风暴：区位优势的影响因素

前测之后，通过启发式讲解、提问式讲解的形式引导学生展开分析，教师根据学生的回答和讨论在白板板书标记并进行分类汇总，最后引导同学们一起总结归纳。通过对区位优势影响因素的分析，进一步阐释区位优势的重要性，它不仅决定了一国企业去哪里投资，还决定了其对外直接投资的类型和产业结构（见图 5 - 2）。

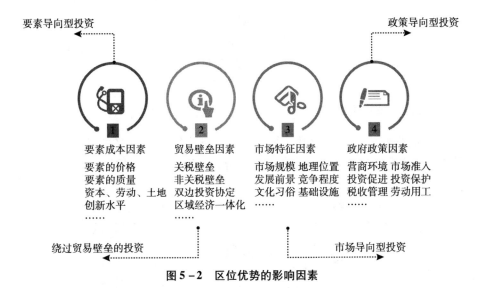

图 5 - 2　区位优势的影响因素

2. 小组讨论：中国的区位优势分析

学生分小组讨论"中国的区位优势"，并填写小组讨论工作单。讨论之后，教师请小组代表发言。小组代表发言过程中，教师保持高度的敏锐性，及时捕捉有意义的问题，在学生们的思维中形成碰撞、冲突，进一步提升其思考品质。之后，教师评点，引导学生归纳总结（见图 5 - 3）。

（四）后测反馈学习效果

后测可以通过测试、特定情境分析联系、问题解决作业等方式展开，目的是了解学生学习效果，教学目标是否达成。本次后测通过教学平台发布客观测试题了解学生的学习效果。

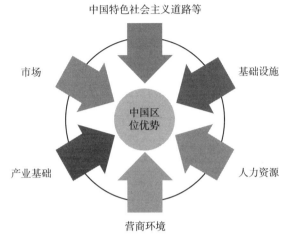

图 5 - 3　中国的区位优势

（五）总结评价引导

教师结合测试结果，运用思维导图简要归纳本节课程内容（见图 5 - 4），并进一步引导学生正确认识中国发展大势，坚定"四个自信"。

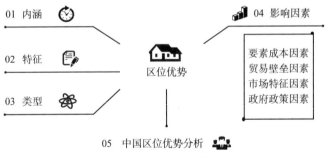

图 5 - 4　学习内容思维导图

四、知识拓展

（1）教学平台发布作业：结合今天的课程内容并查阅资料，绘制思维导图分析中国的区位优势。[①]

---

① 部分学生作业展示见附录 11 中的图 12A - 4。

（2）同伴评议写作①：结合课程分析查阅相关文献，思考中国应该如何进一步改善和提升区位优势以更好地利用外资，促进经济增长，最后形成研究报告。研究报告要求格式规范，采用课程论文专用模板。

（3）教学平台资源库拓展阅读，阅读之后请将自己的收获或感想上传至讨论区。

①中华人民共和国商务部《中国外商指引（2020 版）》。②

②麦肯锡全球研究院（MGI）2019 年报告《中国与世界：理解变化中的经济联系》。③

③Dunning J H. The Eclectic Paradigm of International Production：A Restatement and Some Possible Extensions ［J］. Journal of International Business Studies，1987（11）：9 - 31.

五、思政融入

BOPPPS 教学模式思政融入过程如图 5 - 5 所示。

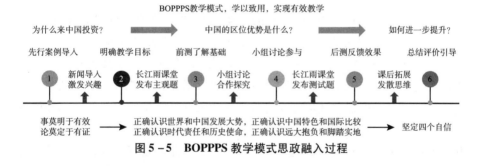

图 5 - 5　BOPPPS 教学模式思政融入过程

"学而不化，非学也"④，学习的目的是要"学以致用"，因此，学习的

---

① 要求同前（案例教学设计四）。

② 中华人民共和国商务部. 中国外商投资指引（2020）［R/OL］. http：//www. fdi. gov. cn/come-newzonghe. html？parentId = 113&name = % E5% 88% 9B% E6% 96% B0% E6% B0% B4% E5% B9% B3% E9% A2% 86% E5% 85% 88&comeID = 2.

③ 麦肯锡全球研究院. 中国与世界：理解变化中的经济联系（2020）［R/OL］. https：//www. sohu. com/a/325506562_790657.

④ 出自宋代杨万里的《庸言》。意思是说，只知道学习，却不能把所学内化吸收、融会贯通，做到学以致用，就不能算作是真正有意义、有成效的学习。

过程本身就是一个融会贯通的过程。分析中国的区位优势，分析中国对外资的吸引力，需要我们学以致用、融会贯通，用多方面事实来说话。

这一节课的教学，是一次"学以致用"、融会贯通的教学，也是一次增强社会主义道路自信、理论自信、制度自信、文化自信的教学。这种信心，源自对我国经济发展大势的基本判断，源自对我国发展独特优势的了然。"事莫明于有效，论莫定于有证"①，从中国市场这枚"定海神针"谈到规模经济、技术创新，从中国路桥谈到"千里江陵一日还"的中国高铁，从低端"人口红利"减弱谈到高端人力资源优势，从中国的营商"软环境"改善谈到改革开放进行时，从多梯次、宽领域、全链条的制造业基础谈到疫情下充足的物质供给，从2035年远景目标谈到政策的连续性，从疫情大考谈到中国成为世界复苏的"压舱石""稳定器"，扎扎实实的成就，让国际社会越来越多的人摘掉有色眼镜，同中国携手一起走互利共赢之路……讨论过程中，同学们发言踊跃，同时又深受启发：中国有无比广阔的市场舞台，有优势有能力去探索自己前行的道路，有无与伦比的前进定力。只要继续坚持解放思想、深化改革、扩大开放、创新突破，我们有理由相信，"装点此关山，今朝更好看"，未来的中国也必将"更好看"。

习近平总书记在2016年召开的全国高校思想政治工作会议上指出②，要教育引导大学生树立"四个正确认识"，即正确认识世界和中国发展大势，正确认识中国特色和国际比较，正确认识时代责任和历史使命，正确认识远大抱负和脚踏实地。这一次课的教学设计运用诸多的鲜活素材把中国的需求、要素、制度以及环境等全方位地综合展现在学生面前，经由充分热烈的讨论，同学们认识到中国的快速发展和成功崛起，不仅得益于天时地利人和，更得益于民族对自身的清楚认知，对发展道路的正确选择，对世界变局的准确把握，对自身与世界之间关系的合理设计。中国的区位优势不是单一要素的竞争力，是融合了市场、产业基础、营商环境、人力资源、中国特色社会主义道路等的综合性竞争力，是不容易替代和迁移的优势。这种竞争力深刻体现和反映了中国人民努力奋斗、不懈进取、坚强拼搏的精神，正是这

---

① 出自《论衡·卷二十三·薄葬篇》。意思是说，对事物最好的证明是看看他是否有效，对理论最好的检验是看他有没有证据。

② 新华社．新华社评论员：立德树人，为民族复兴提供人才支撑——学习贯彻习近平总书记在全国高校思想政治工作会议重要讲话［R/OL］．新华网，http://www.xinhuanet.com/politics/2016-12/08/c_1120083340.htm.

种精神奠定了中国经济发展成长的坚实基础，并让"中国力"的底色变得越来越绚丽。

　　教学设计通过回应学生们关切的热点问题，不仅让学生明白了"是什么"，也深入讨论了"为什么"，还进一步启发和探讨了"怎么办"，引导学生们全面客观认识当代中国、看待外部世界。在世界面临"百年之未有大变局"的今天，在中国遭遇多重挑战的今天，读懂我们自己的发展现状，明了未来的前进道路，这一点，至关重要。

案例教学设计六：专题片教学

"假舆马者，非利足也，而致千里"[①]

——中国汽车业的"引进来"

专业知识点	国际直接投资对东道国经济发展的多维效应		
思政元素点	中国汽车业在对外开放的进程中不断发展壮大		
育人目标	知识传授	1. 深入理解国际直接投资对东道国的资本、技术、就业、产业结构等方面所产生的影响 2. 辩证把握国际直接投资对东道国的积极影响和负面效应	
	能力培养	1. 具备了解国际经济局势的开放视野 2. 能够结合我国利用外资的现实情况给出综合评判	
	价值引领	1. 学生对我国的"对外开放"战略形成共鸣共识 2. 学生能够正确把握"双循环新发展格局"的核心要义 3. 塑造学生开放包容、守正创新的品格	
教学设计	专题片教学：展示数据，利用媒体，导入情境→小组讨论，代表发言，思维碰撞→教师引导，总结归纳，挖掘本质→引发思考，提升思想→巧设作业，践行理论		
知识拓展	1. 教学平台发布拓展阅读资料：《中国汽车贸易高质量发展报告》 2. 绘制思维导图：分析 FDI 对投资国的经济效应 3. 教学平台讨论：未来应如何更规范地利用外资来促进我国经济的发展		

---

① 出自《荀子·劝学》。"假舆马者，非利足也，而致千里。假舟楫者，非能水也，而绝江河。君子生非异也，善假于物也。"意思是：借助车马的人，并不是脚走得快，但是能达到千里之外；借助船只的人，并不是能游泳，却能横渡江河。君子的本性同一般人没有什么差别，只是他们善于借助外物啊。

一、理论概述

（一）资本形成效应

就国际投资对东道国的资本形成效应来看，促进资本形成历来被认为是国际投资对东道国（尤其是发展中东道国）经济增长的重大贡献。首先，海外直接投资的注入增加了东道国的资本存量。其次，海外直接投资为东道国带来后续性追加投资。再次，海外直接投资引致母国企业的追加或辅助投资。最后，海外直接投资通过为东道国当地资本市场提供有吸引力的投资机会而动员当地储蓄，成为引发国内投资的催化剂。

（二）技术进步效应

国际直接投资对东道国技术进步的潜在效应如表6-1所示。

表6-1　　　　　　国际直接投资对东道国技术进步的潜在效应

影响领域		影响效果	实现途径
直接效应	积极	节约效应	直接转让先进技术到东道国
	消极	获得或使用国外技术成本高	信息不对称，付出过高的技术转让代价
		技术依赖和技术不适应性	损害当地企业创新能力；未充分利用当地资源
间接效应	积极	溢出效应	通过前后向联系实现溢出
			通过培训东道国雇员、人员流动实现溢出
			通过与当地的研发机构合作实现溢出
		竞争和示范效应	增加了东道国企业的竞争压力
			为东道国企业提供示范
	消极	限制和控制溢出	限制性条款

注：溢出效应：跨国公司通过对外直接投资内部化实现其技术转移的行为对东道国会带来外部经济，即技术溢出。一项技术溢出是一个正的外在性的特定情况，它既不是在经济活动本身内部获得的利益，也不是由该项活动的产品的使用者获得利益。换句话说，这种利益对于经济活动本身是外在的，对社会产生了外部经济。

限制性条款：如规定限制获取技术的东道国企业向出让技术的跨国公司及其子公司购买高价的设备、技术、中间产品、服务或其他投入物；限制东道国企业将使用进口技术生产的产品出口；规定使用进口技术生产产品的数量和价格；转让技术改进后的无偿回授等。

（三）就业效应

国际投资对东道国就业的潜在效应如表6－2所示。

表6－2　　　　　　　　国际投资对东道国就业的潜在效应

影响领域		就业数量	就业质量	就业区位
直接效应	积极	创造直接就业机会	工资较高，生产力水平也较高	为高失业区增加新的和更好的就业机会
	消极	并购可能导致"合理化"裁员	在聘用和解雇方面引进不受欢迎的管理理念和方式	城市拥挤加剧，地区不平衡
间接效应	积极	通过关联效应创造间接机会	向国内企业传播"最佳运营"工作组织方法	促进供应商转移到劳动力可得地区
	消极	依赖进口或挤垮现有企业会降低就业水平	在国内竞争时降低工资水平	挤垮当地供应商，地区性失业恶化

（四）产业结构效应

无论是在发达国家还是发展中国家，跨国公司海外直接投资都推动了东道国产业结构的升级。第一，通过资本、技术等生产要素的流入，改变东道国的投资结构，从而直接改变东道国的产业结构；第二，通过跨国公司的资本流入而带来的经济增长效应使得东道国居民的收入水平不断提高，改变了东道国的消费结构，从而间接促进东道国产业结构优化；第三，跨国公司对于当地企业的示范带动效应，在一定程度上也可以改变东道国投资结构；第四，跨国公司生产的产品对东道国居民消费有一定的引导作用，也会在一定程度上促进东道国产业结构优化；第五，跨国公司管理人员的消费习惯、文化观念等对东道国雇员会有一定的示范效应，也会在一定程度上促进东道国产业结构优化。

国际投资对东道国产业结构调整的消极影响就是可能会导致产业空心化，即随着对外直接投资的发展，生产基地向国外转移，国内制造业不断萎缩、弱化。

二、问题导入

这一节的课堂教学通过展示数据资料、播放专题片的形式引入。具体教学环节是：展示数据，利用媒体，导入情境→小组讨论，代表发言，思维碰撞→教师引导，总结归纳，挖掘本质→引发思考，提升思想→巧设作业，践行理论。

首先展示数据，让学生们了解中国汽车产业的发展状况（见图 6－1 和表 6－3）。

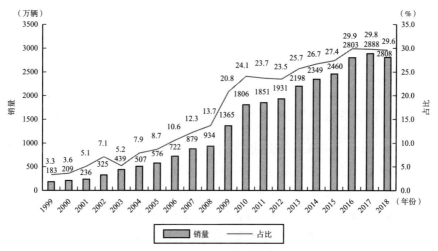

图 6－1　1999～2018 年中国汽车销量及在全球市场占比情况

资料来源：世界汽车组织（OICA）。

表 6－3　　　　　　　　**2018 年主要国家整车出口额**

序号	国家	出口额（亿美元）	占全球整车出口额比重（%）	占本国货物出口额比重（%）
1	德国	1823	18.6	11.7
2	日本	1085	11.1	14.7
3	美国	607	6.2	3.6

续表

序号	国家	出口额（亿美元）	占全球整车出口额比重（%）	占本国货物出口额比重（%）
4	韩国	408	4.2	6.7
5	中国	157	1.6	0.6
全球合计		9800	100.0	5.1

资料来源：根据 WTO 数据整理。

然后提出问题：中国汽车产业的发展过程中外资是否发挥了作用？国际直接投资对东道国经济发展会产生哪些影响？让同学们带着问题观看专题片《驰骋之路——中国汽车"请进来"与"走出去"（上)》。

三、案例分析

（一）结合专题片内容开展小组讨论，并发放小组讨论工作单

讨论主题：中国汽车产业目前在国际市场中的地位如何？结合专题片内容，思考中国汽车产业发展过程中，外资的进入是否发挥了作用？如果发挥了作用，在哪些层面发挥了哪些作用？具体产生了怎样的影响？如何正确认识利用外资？小组讨论过程中，教师需要关注不同小组的讨论情况，对讨论不顺畅的小组要帮助提供讨论支架，激活讨论气氛；对讨论比较热烈的小组，教师则需要注意倾听，并适时激发思维碰撞。

（二）小组代表发言

结合专题片中具体事件的讨论，发言的学生们一步步梳理出利用外资对中国汽车产业在资本、技术、就业、产业的发展和积累过程中所发挥的作用。在这个过程中教师要注意串联，把不同学生的发言串联起来，把理论知识和现实串联起来，把旧知和新知串联起来。这种串联，不仅让学生们感受到自己得到了应有的关注，而且进一步意识到，通过其他学生的发言，自己的回答得到了延伸。当每个人的发言都建立在其他人的思考的基础上，课堂上的观点就如同珍珠一样被串联起来，并碰撞出思维的火花。

（三）教师继续提出问题引导学生思考

教师继续抛出问题：目前靠外循环拉动的经济模式面临挑战，还需要坚持对外开放吗？为什么？

经由头脑风暴，同学们认识到注重内循环绝不排斥对外开放。虽然目前我们国家经济的发展环境发生了很大的变化，外部环境比以往很多时候都变得相对复杂，但以内循环为主，绝不是回到封闭发展的老路上，相反，是需要更高水平的开放和外循环来支撑和促进的。2021 年 3 月，《中华人民共和国国民经济和社会发展第十四个五年规划和 2035 年远景目标纲要》提出，加快构建以国内大循环为主体、国内国际双循环相互促进的新发展格局。[①]相信伴随着中国对外开放的大门越开越大，内循环的质量和效益也会越来越好，中国经济开放发展、高质量发展的前景可期。

（四）教师引导总结归纳，引发思考，提升思想

要坚定"对外开放"战略。"任何一个民族、任何一个国家都需要学习别的民族、别的国家的优秀文明成果"[②]。"过去 40 年中国经济发展是在开放条件下取得的，未来中国经济实现高质量发展也必须在更加开放的条件下进行"[③]。我们要坚定不移发展开放型世界经济，在开放中分享机会和利益、实现互利共赢。

荀子曰："假舆马者，非利足也，而致千里。假舟楫者，非能水也，而绝江河。君子生非异也，善假于物也。"古人揭示了人要成功，就要懂得利用环境、借助他人的力量来发展自己的道理。对于当代大学生而言，开放的心态是学习的前提，也是沟通的基础。只有拥有开放的心态，才能持续进取，保持活力，才能不断吸取新知，才能和团队保持良好的互动。

---

① 中华人民共和国国民经济和社会发展第十四个五年规划和 2035 年远景目标纲要 [R/OL]. 中华人民共和国中央人民政府网，http：//www. gov. cn/xinwen/2021 - 03/13/content_5592681. htm.

② 习近平在同外国专家座谈时强调：中国要永远做一个学习大国 [R/OL]. 中国共产党新闻网，http：//cpc. people. com. cn/n/2014/0524/c64094 - 25058948. html.

③ 习近平会见出席"全球首席执行官委员会"特别圆桌峰会外方代表并座谈 [R/OL]. 形势政策网，http：//www. xingshizhengce. com/tt/201806/t20180622_4731166. shtml.

四、知识拓展

（1）教学平台发布阅读资料：《中国汽车贸易高质量发展报告》。[①]

（2）绘制思维导图：分析 FDI 对东道国的经济效应。

（3）教学平台讨论：未来应如何更规范地利用外资来促进我国经济的发展？

五、思政融入

专题片教学思政融入过程如图 6－2 所示。

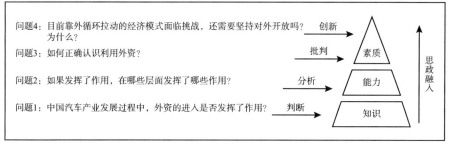

 思政融入：构建以国内大循环为主体、国内国际双循环相互促进的新发展格局

图 6－2　专题片教学思政融入过程

为了让同学们更好地感受外资进入中国 40 余年到底带来了什么，这节课以中国汽车产业的发展为例开展教学。课堂伊始，教师提供数据资料，展示目前中国汽车产业的发展和国际地位，并抛出问题：中国汽车产业发展过程中，外资的进入是否发挥了作用？如果发挥了作用，在哪些层面发挥了哪些作用？具体产生了怎样的影响？如何正确认识利用外资？让同学们带着问题观看了专题片《驰骋之路——中国汽车"请进来"与"走出去"（上）》。专题片教学具有教育性、辅助性和启发性的重要作用，通过图、文、声、像

---

① 商务部对外贸易司中国汽车技术研究中心有限公司. 中国汽车贸易高质量发展报告［R/OL］. 中华人民共和国商务部，http：//images. mofcom. gov. cn/wms/201912/20191230105409100. pdf.

一体将教学情景立体化，极大地调动了学生学习的热情，激发了学生学习的积极性。观看专题片的过程中，有的同学在记录，有的同学在思考，在某个时间点同学们爆发出会心地笑，有的时间点同学们在扼腕叹息，专题片里提供的大量丰富信息让同学们更加深入理解了中国汽车产业的发展历程，将课程理论知识和对专题片重点片段、事件的解读充分结合，对重点问题有感而发，为理性理解铺平道路。

在结合视频展开的小组讨论中，学生们一步步梳理出利用外资对中国汽车产业在资本、技术、就业、产业的发展和积累过程中所发挥的作用。以古鉴今，教师"画龙点睛"："假舆马者，非利足也，而致千里。假舟楫者，非能水也，而绝江河。君子生非异也，善假于物也。"在教师的引导下，同学们认识到国家要开放，才能发展；社会要开放，才能进步；每个人都要保持一种开放的心态，取人之长补己之短，才能持续进步。

讨论之后，基于问题"目前靠外循环拉动的经济模式面临挑战，还需要坚持对外开放吗？为什么？"进行的头脑风暴，让学生们进一步认识到构建以国内大循环为主体、国内国际双循环相互促进的新发展格局"是党中央积极应对世界百年未有之大变局和当前国内外经济形势变化的战略之举，对于推动我国经济行稳致远、实现经济高质量发展具有重大意义"[1]。一方面，打通国内经济大循环，有利于我国企业提高在国内市场的竞争力，更好地参与国际合作和竞争，融入国际经济大循环，培育新形势下我国参与国际合作和竞争的新优势；另一方面，有助于更好地发挥外商投资企业"外引内联"的独特优势，通过实施《中华人民共和国外商投资法》及配套法规，放宽市场准入，进一步营造保障外资企业公平参与市场竞争、平等使用资源要素、同等受到法律保护的市场环境，更大限度地挖掘国际国内两个市场和两种资源的潜力，维护我国产业链和供应链稳定。所以，打通国内经济大循环和推动更高水平对外开放从根本上说是一体的。通过畅通国内循环推动更高水平参与国际循环，又通过发挥我国超大规模市场优势，推动建设普惠包容、平衡共赢的开放型世界经济，国内国际循环相互促进，相辅相成。在这样的新发展格局下，未来中国必将走向更高水平、更深层次、更加法治化、更加可预期、更符合国际惯例的对外开放。

---

① 李燕. 推动形成国内国际双循环发展新格局［R/OL］. 人民网，http：//theory. people. com. cn/n1/2020/0622/c40531－31755350. html.

案例教学设计七：辩论赛教学

"横看成岭侧成峰，远近高低各不同"①
——美国制造业空心化了吗？

专业知识点	1. 产业空心化的定义 2. 产业空心化的影响	
思政元素点	正确分析和认识美国制造业空心化的问题	
育人目标	知识传授	1. 理解产业空心化的概念 2. 探讨产业空心化的影响
	能力培养	通过辩论赛体悟多维认知、论证问题的应有态度和正确方法，养成质疑、思辨的批判性思维
	价值引领	1. 学生具备客观审视和度量解读现实问题的能力，能够透过纷繁复杂现象触及本质并做出相对正确的回应 2. 通过辩论赛，学生的价值判断能力、价值选择能力和价值塑造能力得到提升
教学设计	辩论赛教学：问题导入→隔堂小组辩论赛→辩论会后记	
知识拓展	1. 教学平台发布作业：将辩论的观点、论据整理成文，完成辩论会后记 2. 教学平台发布讨论：制造业的衰落或产业空心化将带来哪些问题？ 3. 教学平台发布拓展阅读资料：《英国工业因何衰落和空心化？》《德国如何抵挡"产业空心化"？》	

---

① 出自苏轼《题西林壁》。释义：庐山是座丘壑纵横、峰峦起伏的大山，游人所处的位置不同，看到的景物也不相同。意指意识正确与否，与一个人看问题的立场、观点、方法有着直接的关系。

一、理论概述

（一）产业空心化的定义

产业空心化是指随着对外直接投资的发展，生产基地向国外转移，国内制造业不断萎缩、弱化的经济现象。

（二）产业空心化的影响

产业空心化可能导致国际贸易收支逆差。对外直接投资的结果是将生产基地转移到国外，对投资国的国际贸易收支产生双重不利影响：一方面产生出口替代效应，即由于生产基地转移到国外而使国内出口额减少；另一方面产生逆进口效应，即本国海外企业生产的制成品向国内的逆进口增加。两方面影响的组合，导致投资国的国际贸易收支逆差。

产业空心化会削弱对外投资者的国际竞争能力。对外直接投资是"一揽子"生产要素的转移，即资金、技术、管理经验和劳动力由投资国转移到东道国。一些学者认为，随着对外直接投资的发展，生产技术也将会流向国外，等于扶持了竞争对手，东道国当地企业一旦掌握了这种技术，就会与外国投资者相抗衡，削弱对外投资者的国际竞争能力。

产业空心化将减少国内就业机会。随着生产基地由国内转移到国外，国内的制造业会不断地萎缩，就业机会减少。

二、问题导入

由新华社的一则新闻《新冠肺炎疫情或致美国制造业深陷衰退危机》①引出问题："美国制造业空心化了吗?"

> 新冠肺炎疫情或致美国制造业深陷衰退危机
>
> 新冠肺炎疫情正逐步冲击美国经济多个领域。随着越来越多企业停工和供应链中断，美国制造业开始体会到疫情带来的痛楚。

---

① 节选自许缘，高攀. 新冠肺炎疫情或致美国制造业深陷衰退危机［R/OL］. 新华社，https：//baijiahao. baidu. com/s？id＝1662833246498612534&wfr＝spider&for＝pc.

美国全国制造商协会日前公布的一项调查结果显示，由于新冠肺炎疫情进一步扩散，美国已有超过三分之一的制造商面临供应中断，近80%的制造商预计业务将受损。

IHS 马基特公司首席商业经济学家克里斯·威廉姆森认为，更多企业被迫关闭意味着制造业活动"已经崩溃"。多数制造业行业正经历需求和生产的迅速恶化。同时，企业投资几近停滞，资本设备订单恶化速度为 2009 年以来最快。

制造业是美国政府近年来重点扶持的行业之一。本届政府希望通过颁布购买"美国制造"产品等行政命令以及对外加征关税促使美国制造业回流，扭转本土制造业空心化趋势，从而提升就业率。但迄今为止这些努力收效甚微。

美国商务部数据显示，制造业增加值占美国实际国内生产总值（GDP）的比重已降至11%，是 1947 年以来最低水平。美联储数据也显示，2019 年美国工业产出较 2018 年下降 1.2%。2019 年 8 月至 12 月，ISM 制造业 PMI 连续五个月收缩。2019 年全年，该指标平均值为 51.2，是 10 年来最低水平。

《华尔街日报》撰文指出，美国制造业已经处于"守势"。由于贸易紧张局势持续、美国国内油气勘探活动趋缓以及农业部门对机械设备需求疲软，美国制造业自 2019 年以来持续面临巨大增长压力。如今，新冠肺炎疫情为美国制造商增添了新威胁。

分析人士指出，随着疫情进一步蔓延，以及各级政府为应对疫情而采取更大规模管控措施，美国制造业将可能面临更大麻烦。牛津经济研究院美国首席经济学家奥伦·克拉奇金认为，只要美国经济主体部分仍处于实质封锁状态且外部需求依旧低迷，美国制造业复苏时机和力度就高度不确定。

三菱日联金融集团首席经济学家克里斯·拉普基的判断更为悲观。他认为，美国制造业更像是面临一场萧条。这意味着美国制造业很可能出现较长衰退期，其间大量企业将破产，失业率显著上升，企业信心和企业投资明显下滑。

三、案例分析

这一次的教学是通过隔堂辩论赛的方式展开的。前一次课堂引入问题，介绍辩论赛的规则、流程和要求，让大家课后准备，后一次课堂开展辩论赛。

辩题：美国制造业空心化了吗？

正方：美国制造业空心化确凿无疑。

反方：美国制造业空心化不成立。

（一）为什么要开展一次辩论赛？

一方面是因为存在可辩之题。目前针对"美国制造业是否空心化"有两种截然不同的观点。一种是美国制造业空心化确凿无疑[1]，另一种观点则认为美国制造业空心化不成立[2]。设计这次辩论赛的目的就是向学生展示一个命题可能存在不同的视角和观点，"横看成岭侧成峰，远近高低各不同"，通过辩论赛学生可以对该命题有更为深入的理解和认知。

另一方面，则在于辩论赛的重要意义。"不明理何以言辩，不学习何以言论"，辩论赛的引入，使学习变成了学生的自我需要，在充实相关知识储备的同时，也促使学生不断地独立思考、发现问题并解决问题。无论站在辩题的哪一方，都必须对双方的观点及知识进行深入研究，需要学生学会从不同的角度和立场去思考问题，探究如何融会贯通，如何游刃有余。这个过程有助于加深学生对命题的理解和认知，培养学生的批判性思维，引导学生走向思辨之路。

---

① 有观点认为，2018 年的数据显示，美国的 GDP 为 20.494 万亿美元，其中制造业占 GDP 比重为 11.4%，低于日本、德国这两个公认的制造强国，这两个国家制造业占 GDP 的比重都超过了 20%。而美国服务业的增加值为 16.5 万亿美元，占 GDP 的比重已经超过 80%，实体经济空心化已经非常明显。美国消费者使用的电子产品、服装、玩具、日用品大都依赖进口，美国主要的科技公司苹果、微软、谷歌、亚马逊等旗下的硬件产品绝大部分已经外包给亚洲的代工企业，它们本身并不生产任何电子设备。

② 有观点认为，从总产值来说，美国依然是世界第二制造大国，仅次于中国，而且美国保留了相当多的高端工业，比如航空航天及军工制造、半导体工业、医药生产、化学工业等。高端工业成为美国最具竞争力的产业，使美国牢牢掌控着军事工业以及高新技术产业的话语权。

（二）如何设计一场辩论赛①

一场辩论赛，正方四个辩手，反方四个辩手，加上一个主持人，总共才有9个人加入辩论。如果其他同学仅仅作为观众参与进课堂中的话，那么一节课堂就成为9个人的狂欢。如何避免这个问题？如何实现课堂活动的全员参与？针对这个问题，教师提前设计了规则。

第一步：以小组为单位为辩题做准备。为了提升学生的思辨能力，引导其全面考虑辩题，不提前设定正方和反方，学生需同时为正方、反方观点准备辩词。

第二步：推选辩手和主持人。各小组推选一位代表参加辩论赛，或由教师在各小组随机选一位学生参加辩论赛，其中一位作为主持人，其余同学作为辩手（如果小组多于9组或者少于9组，教师可以灵活设置正反方的人数，非正式辩论无需严格按照正反方辩手各为4人的设置，同时，教师可以根据实际需要调整辩论流程）。

第三步：决定正反方，并进行辩论前准备。随机将8位辩手分为两组，划拳胜的一组先决定本组为正方还是反方。正、反方团队各自进行5分钟汇总讨论，将第一步中各小组准备的观点和论据进行汇总。不参加辩论的学生挪动位置，选择坐在自己支持一方的后面，作为"后备军"。同时，提醒他们既可以为自己所支持的一方提供论点和论据，也可以在每轮辩论之后决定自己是否要"倒戈"——改为支持另一方。

第四步：主持人组织辩论。主持人遵照辩论流程组织辩论。

第五步：辩论结束后展开讨论。讨论分两部分完成：一是未参加辩论的同学进行观点补充和辩论点评；二是参加辩论的同学进行辩论后反思和立场重述。

第六步，教师进行归纳总结。

---

① 辩论赛的教学设计借鉴了微信公众号"教育技术应用实践"的一篇推文：《"课堂实录"，教你上一堂辩论课》，作者：崔小佳佳，https：//mp. weixin. qq. com/s？__biz = MzIwODQzMzE4OA = = & mid = 2247485483&idx = 1&sn = c9fddfc6d3d78602206e7ee7c41a0b84&chksm = 97027160a075f876c9a2 d2cb019d91bae1e8fe54aaf26f4b9e670b2bb13e6963495c46dbb1c9&mpshare = 1&scene = 23&srcid = 0504ZDqPXh4v0ejUJH2CT87u&sharer_ sharetime = 1620128771698&sharer _ shareid = b1e8a31684a7be09 499be85122d74b02#rd.

四、知识拓展

（1）教学平台发布作业：将辩论的观点、论据整理成文，完成辩论会后记。

（2）教学平台发布讨论：制造业的衰落或制造业空心化将带来哪些问题？

（3）教学平台发布拓展阅读资料：《英国工业因何衰落和空心化?》[①]、《德国如何抵挡"产业空心化"?》[②]。

五、思政融入

辩论赛教学思政融入过程如图 7 - 1 所示。

图 7 - 1　辩论赛教学思政融入过程

日本教育学家佐藤学曾说过："教师在课堂上要做的无非就是三件事,

---

① 黄平，李奇泽. 英国工业因何衰落和空心化［J］. 瞭望新闻周刊，2021（25）：62 - 64.

② 董一凡. 德国如何抵挡"产业空心化"［J］. 瞭望新闻周刊，2021（24）：54 - 56.

一是倾听，二是串联，三是反刍。"① 所谓"倾听"意味着关注学生的学习需求，对学生的观点给予关注、同情、同感和共鸣。所谓"串联"，就是将学生原有的知识或者经验与新知识关联起来，将知识与社会生活、方法及规律、学科或专业的思想与价值串联起来，形成一个知识和价值的体系。所谓"反刍"，即教师通过引导并给予一定时间让学生内化和反思前面所学内容，以促进学生及时记忆知识、构建知识体系以及深入思考，进而提高学生的学习力、思考力和思辨力。

辩论赛的课堂，不仅需要教师更多的"倾听"，更为深入的"串联"，以及更加及时的"反刍"，还需要更为细致的"观察"。

辩论赛中的"倾听"意味着教师在学生讨论和辩论的过程中要关联：学生发言和课程内容的关联；学生发言同其他同学发言的关联；这个发言同其先前发言的关联。这样教师就能以课程内容为媒介，把每一个学生的发言如同织物一样编织起来，成为一个有着内在逻辑的整体，为最后的归纳总结做准备。

"倾听"辩论学生发言的同时，教师还要注意"观察"，观察未参加辩论学生们的反应以更好地组织课堂。令人欣慰的是，在整个辩论过程中，即便是未参与辩论的学生也纷纷以他们的方式参与其中：有的学生因为支持方的精彩发言而鼓掌助威；有的学生在全程记录正反方学生观点的同时皱眉深思；有的学生成功被非支持方吸引倒戈而挪换了座位；有的学生则在为自己支持的一方积极准备论据；还有的学生质疑非支持方而主动声援……引导学生积极参与课堂，引发其深入思考，激发其继续探究的欲望，这应该就是这堂课最好的效果。

辩论赛的"串联"，关键在于"辩"字。教师辩题的精选，学生赛前的知识储备，辩论过程中的激烈辩论、观点碰撞，皆有利于知识"串联"的实现。辩论是口才和知识的较量，"不明理何以言辩，不学习何以言论"，辩论过程中的任何观点、论据都不是孤立的，"横看成岭侧成峰，远近高低各不同"，必须联系地看、动态地看、整体地看、辩证地看，这样，在"串联"的过程中，学生的价值判断能力、价值选择能力和价值塑造能力就会得到提升。

---

① 佐藤学.教师的挑战：宁静的课堂革命［M］钟启泉，陈静静译.上海：华东师范大学出版社，2012.

辩论赛的"反刍"通过课后拓展任务完成，引导学生将辩论的观点、论据整理成文，完成辩论赛后记，这种方式有利于课堂教学自然巧妙地向课后延伸拓展，实现课内教学与课后探究的有机联系，对学生的知识内化与能力提升大有裨益。

辩论之意义，在于保持理性，独立思考，绝不人云亦云；

辩论之意义，在于大胆质疑，严谨论证，不苟一言一词；

辩论之意义，在于价值碰撞，理解包容，博闻善思明理；

辩论之意义，在于志存高远，胸怀天下，心系"国之大者"①。

所以，经由教师的"倾听""观察""串联""反刍"，打造了"学习共同体"②的课堂。同时，辩论赛中"倾听""观察""串联""反刍"的过程，也是课程思政融入的过程。辩论会停止，课程会结束，但是学生探究的心将永不停歇，并且在未来涉及问题分析、价值判断、立场抉择时，相信他们会有更深的觉察和顿悟。

---

① "事关国家富强、民族振兴、人民幸福的时与势、人与事、情与理，都是国之大者。"引自：这个词，习近平为何一再强调？［EB/OL］. 新华网，https：//www. rmfz. org. cn/contents/549/478189. html.

② 学习共同体属于社会学概念，是指为了共同解决真实问题，由学习者和助学者为主体，以对话协商为核心、以合作文化为基石、以共同愿景为纽带而构成的合作学习团体。参见卢强. 学习共同体内涵重审：课程教学的视域［J］. 远程教育杂志，2013（3）：44－50.

案例教学设计八：数据解剖教学

"沉舟侧畔千帆过，病树前头万木春"①
——《财富》世界500强背后的中国经济转型新生

专业知识点	1. 跨国公司的定义 2. 跨国公司的组成 3. 子公司和分公司的区别	
思政元素点	《财富》世界500强见证中国力量	
育人目标	知识传授	1. 识记跨国公司的定义 2. 知晓跨国公司的组成 3. 区辨子公司和分公司
	能力培养	通过对2020年《财富》世界500强的数据资料进行统计分析，学生具备数据搜集、整理、分析、解读的能力
	价值引领	1. 学生能够正确认识中国企业的国际地位 2. 学生能深刻体悟到一个真正的世界大国的诞生，依赖于该国拥有的一批世界级的、拥有全球竞争力的企业 3. 学生能切实认同党的十九大报告提出的要"深化国有企业改革，发展混合所有制经济，培育具有全球竞争力的世界一流企业"的意义
教学设计	数据解剖教学：问题导入→教师引导展示，头脑风暴→小组任务，互动讨论→小组代表展示→教师引导归纳总结，引发思考	
知识拓展	1. 教学平台发布讨论：党的十九大报告提出，要"深化国有企业改革，发展混合所有制经济，培育具有全球竞争力的世界一流企业"。结合今天的学习，请思考什么是具有全球竞争力的世界一流企业，中国企业未来应该如何继续转型升级 2. 教学平台发布作业：目前全球公认比较权威的品牌价值榜有两个：一个是Interbrand的全球最佳品牌100强（Best Global Brands），2000年开始发布；一个是WPP集团旗下的BrandZ最有价值全球品牌（Top 100 Most Valuable Global Brands），2007年开始发布。请对比这两个品牌价值榜单上中美两国上榜企业数量和位次差异，并分析可能的原因	

① 出自（唐）刘禹锡《酬乐天扬州初逢席上见赠》。释义：沉船旁边有很多船经过，发病的树木旁边有很多茂盛的树木，喻指新生势力锐不可当。

一、理论概述

（一）跨国公司的定义

1983 年联合国跨国公司中心在其发表的第三次调查报告《世界发展中的跨国公司》中，对跨国公司进行了非常严格的定义。

跨国公司指这样一种企业：（1）包括设在两个或两个以上国家的实体，不管这些实体的法律形式和领域如何；（2）在一个决策体系中进行经营，能通过一个或几个决策中心采取一致对策和共同战略；（3）各个实体通过股权或其他方式联系起来，其中一个或多个实体有可能对别的实体施加重大影响，特别是同其他实体分享知识资源和分担责任。

（二）跨国公司的组成

跨国公司由母公司（parent company）、子公司（subsidiary corporation）、分公司（branch）和避税港公司（tax haven corporation）组成。其中，母公司指以母国为基地，通过对外直接投资，并对接受投资的海外经济实体进行有效控制的总公司。子公司指由母公司投入全部或部分股本，依法在世界各地设立的东道国法人企业。分公司指母公司为了扩大生产规模或经营范围，在东道国依法设立的、代表母公司在其所在国从事各项被委托的业务活动的、非独立的经济实体。避税港公司指跨国公司母公司为了获得优惠税率、转移定价等财务上的利益，在国际避税港设立的国外基地公司。

（三）子公司和分公司的区别

子公司和分公司的区别如表 8 - 1 所示。

表 8 - 1　　　　　　　　　　　子公司和分公司的区别

项目	子公司	分公司
组织结构	拥有自己独立的公司名称和章程	没有独立的公司名称、章程
财务	财务独立，自负盈亏；编制独立的资产负债表	其资产负债列入母公司的资产负债表

续表

项目	子公司	分公司
经营管理	有独立的管理机构，受母公司的间接影响（持有股权）	没有独立的管理机构，直接受控于母公司
法律地位	独立承担法律上的责任和义务	不能独立承担法律义务和责任
税收	盈利在未作为股息汇回母公司之前，不必向母国政府纳税	与母公司作为一个统一的纳税体系对待

二、问题导入

由一则新闻《首超美国！世界 500 强最新出炉！》① 引出问题，层层递进进行头脑风暴，引出本节的核心知识点。

> ### 案例：首超美国！世界 500 强最新出炉！
>
> 2020 年 8 月 10 日，《财富》杂志发布 2020 年世界 500 强榜单。中国公司实现了历史性跨越：今年，中国（含香港）公司数量达到 124 家，历史上第一次超过美国（121 家）。加上中国台湾地区企业，中国共有 133 家公司上榜。第三名为日本，53 家。随后是法国、德国和英国，分别有 31 家、27 家和 21 家（如图 8 - 1 所示）。
>
> 而 1997 年，中国只有 4 家企业进入这个排行榜。2001 年中国加入世界贸易组织，当年进入排行榜的中国企业为 12 家，以后逐年迅速增加。2008 年以来中国企业在排行榜中数量增长加速。先是超过了德国、法国和英国，后来超越了日本。在 2020 年的排行榜中，中国企业超过了美国，上榜企业数量位列第一。

---

① 根据以下资料整理：首超美国！世界 500 强最新出炉 [R/OL]. 澎湃新闻，https://www.thepaper. cn/newsDetail_forward_8673912.

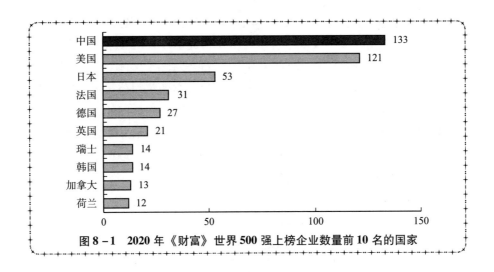

图 8－1 2020 年《财富》世界 500 强上榜企业数量前 10 名的国家

问题 1：什么是《财富》世界 500 强？

《财富》世界 500 强由美国《财富》杂志评选，榜单公布营业收入、利润、资产、股东权益和员工数量等指标，其中，营业收入是其排名的主要依据。1995 年第一份涵盖全球工业和服务型企业的国际综合榜单问世，其后每年发布一次。

问题 2：你还知道其他有影响力的世界公司排行榜吗？

另外一个较有影响力的世界公司排行榜是《福布斯》杂志发布的"全球企业 2000 强"。《福布斯》"全球企业 2000 强"是《福布斯》杂志评选的 2000 家上市公司综合排行，2003 年首次发布，其后每年公布一次；其依据的指标有上市企业的销售收入、利润、资产和市值，在排名中赋予这四项指标相同的权重。

2021 年 1 月 12 日，胡润研究院首次发布《2020 胡润世界 500 强》。与《财富》杂志发布榜单所选的参考指标不同，胡润世界 500 强排行榜是以"市场价值"为测量维度，将国有企业排除在外。胡润世界 500 强排行榜列出了世界 500 强非国有企业，按照企业市值或估值进行排名。上市公司市值按照 2020 年 12 月 1 日的收盘价计算，非上市公司估值参考同行业上市公司或者根据最新一轮融资情况进行估算。

问题 3：为何《财富》世界 500 强的发布受到广泛关注？

《财富》世界 500 强是公认的能反映一个国家综合经济实力的重要标准，

被外界形象地称为"全球经济发展的晴雨表"。世界 500 强公司的高进低出、排名变化，在一定程度上反映了各国经济实力此消彼长的关系，是世界经济格局变动的一个缩影，仔细分析榜单可以发现很多有用的和有趣的问题。

榜单上的 500 家企业，绝大多数都是世界著名的跨国公司。世界上各经济强国间的实力较量在很大程度上体现为这些跨国公司之间的较量。这也可从世界经济强国的排序（表 8 - 2 中 2019 年 GDP）同所拥有的上榜企业数量及其营业收入占比排序（表 8 - 2 中上榜企业数量和 500 强企业营收占比）较大程度的一致性得到证实。

表 8 - 2　　　　　　　　2020 年部分国家 500 强上榜企业数量、
营收占比与 2019 年 GDP

排名	国家	上榜企业数量	国家	500 强企业营收占比（%）	国家	2019 年 GDP（万亿美元）
1	中国	133	美国	29.45	美国	21.43
2	美国	121	中国	26.23	中国	14.36
3	日本	53	日本	9.38	日本	5.08
4	法国	31	德国	5.85	德国	3.84
5	德国	27	法国	5.35	印度	2.85
6	英国	21	英国	4	法国	2.82
7	韩国	14	荷兰	2.96	英国	2.7
8	瑞士	14	瑞士	2.41	意大利	2
9	加拿大	13	韩国	2.40	巴西	1.83
10	荷兰	12	加拿大	1.67	加拿大	1.73
11	西班牙	9	西班牙	1.22	俄罗斯	1.7
12	巴西	7	意大利	1.14	韩国	1.64
13	印度	7	俄罗斯	1.13	西班牙	1.39
14	意大利	6	印度	1.11	澳大利亚	1.38
15	澳大利亚	5	巴西	1.03	墨西哥	1.25

资料来源：各国 500 强企业上榜数量和营业收入数据来自《财富》世界 500 强历年榜单数据（中国的世界 500 强企业数量统计包括港澳台地区在内）；各国 2019 年 GDP 数据来自 WDI 数据库。

三、案例分析

（一）教师引导，开展头脑风暴

从日本"经济腾飞"到"失落的二十年"，从美国"克林顿时代繁荣"到如今"500 强企业数量退居第二"，从过去仰望世界 500 强，到 2020 年中国企业上榜数量位居全球之首，《财富》世界 500 强见证了大国兴衰，也见证着中国国际经济地位的崛起。在经济升级背景下，我们有必要重新解读世界 500 强的中国意义。

课堂教学中，教师引导学生利用《财富》世界 500 强的资料，进行诸多有用的和有趣的观察。教师首先利用图片资料展示《财富》世界 500 强二十多年的纵向变化（见图 8-2、图 8-3），开展头脑风暴，启发同学们深入理解纵向变化所隐含的深刻含义。

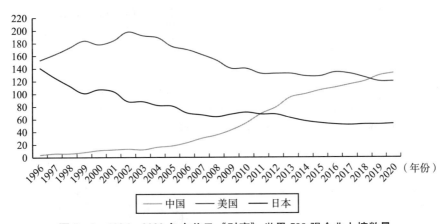

图 8-2　1996～2020 年中美日《财富》世界 500 强企业上榜数量

资料来源：《财富》世界 500 强历年榜单数据，中国的世界 500 强上榜企业数量统计包括港澳台地区在内。

1.《财富》世界 500 强企业数量分布变化

1996～2020 年，《财富》世界 500 强企业数量分布正在从中美日多足鼎立，向中美双雄争霸演进，中国连续两年超过美国，成为上榜企业数量最多的国家（见图 8-2）。这是中国整体经济规模发展壮大的结果。1995 年，

《财富》杂志第一次发布"世界500强"排行榜时，世界贸易组织刚刚成立。中国开始深化改革扩大开放。1995年中国只有三家企业上榜，即中国粮油食品进出口公司（中粮）、香港怡和集团、台湾电力。1996年，还是三家，分别是中粮、怡和、中国石油。到1997年，中国大陆只有四家企业进入这个排行榜。2001年中国加入世界贸易组织那一年，进入排行榜的中国企业为12家，以后逐年迅速增加。2008年以来，中国上榜企业数量快速增加。先是超过了英国、德国和法国，后来超越了日本。2019年，中国超过了美国，上榜企业数量位列第一（见图8-3）。自1995年《财富》杂志发布世界500强排行榜以来，还没有任何一个国家或地区的企业如此迅速地跻身世界500强之列（见图8-4）。

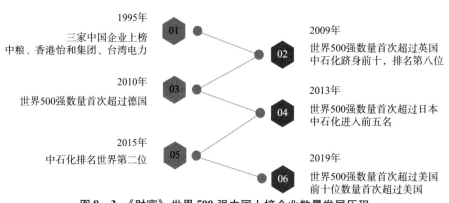

图8-3 《财富》世界500强中国上榜企业数量发展历程

资料来源：作者根据《财富》世界500强历年榜单数据绘制。

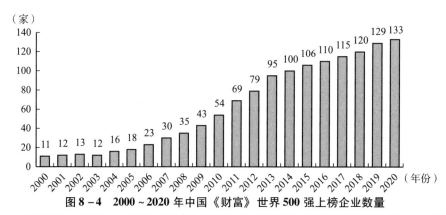

图8-4 2000~2020年中国《财富》世界500强上榜企业数量

资料来源：《财富》世界500强历年榜单数据，中国的世界500强数量统计包括港澳台地区在内。

2. 世界500强企业入围营业收入变化

2000～2020年，《财富》世界500强企业营业收入和入围门槛不断提升。2020年《财富》世界500强企业营业收入达33.3万亿美元，相当于全球GDP的38.4%。2020年上榜企业最低营业收入为253.9亿美元，相比2019年，入围门槛提高了5.89亿美元（见图8-5）。

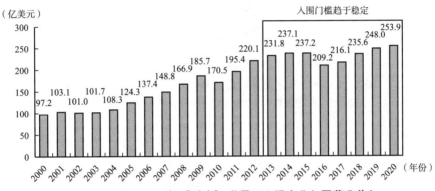

图8-5　2000～2020年《财富》世界500强企业入围营业收入

资料来源：《财富》世界500强历年榜单数据，中国的世界500强上榜企业数量统计包括港澳台地区在内。

（二）小组任务，互动讨论

这一环节，教师给学生提供2020年《财富》世界500强基本资料，布置小组任务，各小组结合小组任务利用所掌握资料进行统计分析，并讨论数字后面蕴含的深刻含义。

（三）小组代表展示

1. 中美两国上榜企业排名分布

小组任务：根据2020年《财富》世界500强榜单数据分别测算中美上榜企业的排名分布，并计算其占比，根据测算结果讨论分析两者的差距说明了什么问题。小组代表展示统计分析结果，如图8-6和图8-7所示。

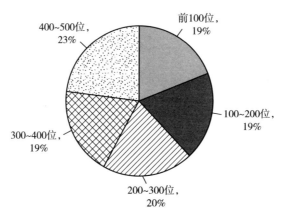

图 8 - 6　2020 年《财富》世界 500 强中国上榜企业排名分布

资料来源：小组学生根据 2020 年《财富》世界 500 强榜单数据计算整理。

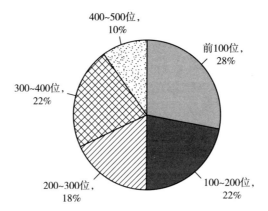

图 8 - 7　2020 年《财富》世界 500 强美国上榜企业排名分布

资料来源：小组学生根据 2020 年《财富》世界 500 强榜单数据计算整理。

在企业排名分布方面，美国企业排名更加靠前，上榜企业头部占比更高。2020 年在《财富》世界 500 强前 100 名中，美国企业有 34 家，占美国上榜企业数量的 28%，中国企业有 25 家，占中国上榜企业数量的 19%；100～200 名企业中，中国企业有 26 家，占比 19%，美国企业有 26 家，占比 22%。总体来看，我国上榜企业在各排名阶梯中分布更为均匀，其中在 400～500 名的企业中占比最高；而美国上榜企业主要分布在前 400 名，其中在前 100 名企业中占比最大，达到 28%。

2. 中美两国上榜企业利润水平和盈利能力比较

小组任务：根据 2020 年《财富》世界 500 强榜单数据分别测算中美两国上榜企业数量、营收、利润及其占比，并讨论分析两者的差距说明了什么问题。小组代表展示统计分析结果，如表 8 – 3 所示。

表 8 – 3　　2020 年中美两国上榜企业数量、营收、利润及其占比分析

	企业数		总营收		总利润		平均营收 （亿美元）	平均利润 （亿美元）
	数量 （家）	占比 （％）	金额 （亿美元）	占比 （％）	金额 （亿美元）	占比 （％）		
中国	133	26.6	87351.51	26.24	4634.8	22.48	629.71	34.85
美国	121	24.2	98062.95	29.45	8477.71	41.13	810.44	70.06
世界	500	—	332941.45	—	20613.17	—	665.88	41.23

资料来源：小组学生根据 2020 年《财富》世界 500 强榜单数据计算整理。

从表 8 – 3 可以看出，总营收美国第一，为 98062.95 亿美元，占《财富》世界 500 强企业营收总和的 29.45％。中国第二，为 87351.51 亿美元，占《财富》世界 500 强企业营收总和的 26.24％。2020 年《财富》世界 500 强企业的利润之和为 20613.17 亿美元，其中美国公司的利润总额高达 8447.71 亿美元，占比为 41.13％，中国公司的利润总额为 4634.8 亿美元，占比为 22.48％。

通过以上对比统计，学生得出结论：在 2020 年的《财富》世界 500 强中，前 50 名中美国公司最多，后 50 名中，最多的是中国公司，中国虽然超过美国成为上榜企业最多的国家，但其营业收入和利润总额仍落后于美国，美国头部企业是全球利润的收割机。中国企业在利润水平和盈利能力方面尚未达到《财富》世界 500 强的平均水平，如果与美国企业相比，则存在的差距更加明显，反映出我国企业"大而不强"的现状。但同时也应认识到，中国是一个正在崛起的大国，经济规模虽不及美国，但增长速度却快得多，榜单底部的中国公司正在迅速崛起。《财富》杂志的创始人亨利·卢斯曾于 1941 年宣称：20 世纪是美国的世纪。21 世纪是否会成为真正意义上的"中国世纪"还有待观察。但至少在商业领域，"中国世纪"正在以越来越中国化、越来越快的速度不断推进。

3. 中美两国上榜企业行业分布比较

小组任务：根据 2020 年《财富》世界 500 强榜单数据分别统计中国与美国上榜企业数量居前五的行业，并比较两者的不同。小组代表展示统计分析结果，如表 8 - 4 所示。

表 8 - 4 　　　　　　 2020 年中国大陆和美国上榜企业行业分布比较

中国上榜企业数量居前五的行业		美国上榜企业数量居前五的行业	
采矿和原油生产	14	保险	15
金属产品	13	食品与饮料	12
贸易	10	银行/商业储蓄	8
银行/商业储蓄	10	保健	7
工程与建筑	9	批发	7

资料来源：小组学生根据 2020 年《财富》世界 500 强榜单数据整理。

中美两国在不同行业的竞争优势差异明显。美国上榜企业在保险、食品与饮料、保健等行业的数量显著多于中国企业，而中国企业在采矿和原油生产、工程与建筑、金属制品等行业保持优势。对上榜中美企业所处行业进行对比可以发现，能源矿业、商业贸易、银行、保险、航空与防务 5 个行业两国企业都很集中，但是，中国在数量众多的金属制品行业、工程建筑行业、汽车行业和房地产行业也有很多上榜企业，而在这些行业中美国的上榜企业则很少。同时，上榜美国企业中有一批与人的健康、医疗、生活等有关的行业，而除了有两家制药企业之外，在与人的生命、健康和生活密切相关的行业中几乎看不到中国企业。虽然中国目前从事这些领域的企业越来越多，但做大尚待时日，进入《财富》世界 500 强更需要长时间的努力。随着经济进一步的增长，国内需求市场的发展，与生命健康和生活相关的行业必然会成为国民经济的重要产业。上榜美国企业高度集中在生命健康、食品生产加工、制药以及娱乐业恰恰表明了经济高度发展阶段产业发展的方向及结构，体现了后工业化时代的产业转型和结构调整的方向。中国正处在经济发展新阶段，中国企业应该了解美国产业结构特点，在推进产业转型升级过程中，借鉴美国产业发展的经验。从长远看，中国在扩大内需市场的过程中必将推进与民众生活、健康相关的行业发展。企业则应该与时俱进，在这些新型产业中发展壮大，形成可持续发展的竞争力。

4. 中美两国上榜企业行业利润分布

小组任务：根据 2020 年《财富》世界 500 强榜单数据分别统计中国与美国上榜企业行业利润分布，并比较两者的不同。小组代表展示统计分析结果，如图 8 - 8 和图 8 - 9 所示。

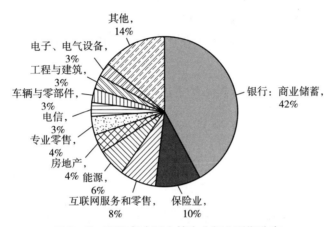

图 8 - 8 2020 年中国上榜企业行业利润分布

资料来源：小组学生根据 2020 年《财富》世界 500 强榜单数据整理。

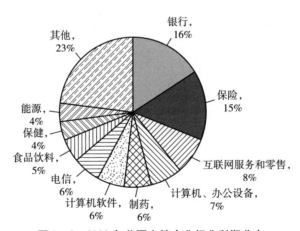

图 8 - 9 2020 年美国上榜企业行业利润分布

资料来源：小组学生根据 2020 年《财富》世界 500 强榜单数据整理。

无论是在中国还是在美国，商业银行都以绝对的优势占据各行业利润的第一位。与美国不同的是，中国银行赚取了上榜企业行业超过40%的利润，而美国银行利润占比仅有16%。中国银行业的吸金能力可见一斑。同时，以平安保险、太平洋保险为首的保险业利润占比达到10%，与银行业一起，占据了中国500强企业利润的半壁江山。与中国相比，美国上榜企业的行业利润分布更为平均。

5. 中国上榜企业城市分布

小组任务：根据2020年《财富》世界500强榜单数据统计中国上榜企业的城市分布，并分析成因。小组代表展示统计分析结果，如图8-10所示。

图8-10　2020年《财富》世界500强中国上榜企业城市分布

资料来源：小组学生根据2020年《财富》世界500强榜单数据整理。

2020年《财富》世界500强中国上榜企业分布于41个城市[①]，区域布局集中于"北上广深"等人口密集的特大型城市。总部在中国内陆地区的企业中，北京市拥有世界500强企业55家，排名榜首，占中国上榜企业数量的42.3%；"北上广深"企业75家，占56.4%。《中国城市科技创新发展报告2020》[②] 的289个样本城市中，北京、深圳和上海的中国城市科技创新发展指数排名位居前三，广州排名第六，作为国内人才的聚集地，这些城市拥有充足的科技创新能力，对企业有着较大的吸引力和影响力。今后，我

---

① 含台湾地区（9家）和香港地区（7家）。

② 首科院. 中国城市科技创新发展报告2020 [R/OL]. https：//baijiahao. baidu. com/s？id = 1689854639473459158&wfr = spider&for = pc.

国应进一步优化企业总部区域布局，将部分非相关大型企业总部进行分散性布局，鼓励企业总部设立于国家区域发展规划重点支持的地区，促进区域经济协调发展。

6. 中国上榜企业的性质结构分析

小组任务：根据 2020 年《财富》世界 500 强榜单数据统计中国上榜企业的性质结构，并分析统计结果说明的问题。小组代表展示统计分析结果，如图 8 - 11 所示。

图 8 - 11　2015 ~ 2020 年《财富》世界 500 强中国企业的性质结构

资料来源：小组学生根据《财富》世界 500 强历年榜单数据计算整理。

2020 年入围企业结构更加均衡，发展质量持续提升。民企的发展壮大尤其是互联网公司的快速成长，成为中国经济新的增长动力。2020 年上榜的中国企业中，由国务院国资委履行出资人职责的央企为 48 家，地方国资委出资企业 32 家，财政部门履行出资人职责的企业有 12 家，上榜国企数量合计为 92 家。[1] 国有企业稳步发展、稳中有进，继续发挥了扛大旗、稳大局的作用，在能源、电力、基建、交运、航天军工 5 大命脉产业中，中国石化、国家电网、中国建筑、中国邮政和兵工集团均有亮眼表现。上榜的民营企业共计 30 家。近年来，民营企业的占比不断提升，从 2015 年的 8% 增长

---

[1]　独家解读 2020 年《财富》世界五百强上榜国企名单：入围企业结构更加均衡发展质量持续提升 [EB/OL]. 国资报告，http：//www. sasac. gov. cn/n2588025/n4423279/n4517386/n15645543/c15647699/content. html.

到 2020 年的 22.56%，发展趋势良好。受益于营商环境的不断优化，民营企业充分发挥自主创新优势，为中国经济注入了更多活力。多个互联网、科技企业入围，也反映了中国经济在全球新兴产业中的竞争力。在 2020 年的《财富》世界 500 强榜单中，华为在困境中逆势上行，首次进入榜单前 50 名；京东集团、阿里巴巴集团、腾讯控股依旧保持中国互联网公司中的前三名。其中，阿里巴巴集团排名上升 50 位，达到第 132 位，成为三家中国互联网公司中提升最快的公司；京东集团从 2019 年的 139 位跃升至第 102 位；腾讯控股排名上升 40 名，提升至第 197 位。在疫情期间，腾讯会议成为明星产品，并且腾讯会议将为联合国有史以来最大规模全球对话提供在线服务，其国际版用户更增长了 6 倍。

（四）教师引导归纳总结，引发思考

在今天这份榜单上，我们看到的，既有在稳定金融体系下造就的各大国有银行，也有以阿里巴巴、腾讯、华为、美的为代表的科技和制造企业，还有得益于城镇化高速发展，在残酷市场竞争中成长为地产行业领军企业的碧桂园等。我们相信，《财富》世界 500 强将继续见证中国的力量。但是在肯定中国经济和企业发展壮大这一事实的同时，更应该保持几分冷静，增加几分谦逊，客观分析差距和不足。因为，世界 500 强对中国的意义远远不只是入围数量的多寡……从 2020 年《财富》世界 500 强排行榜中，我们看到中国上榜企业虽然数量增加、规模扩大，但是缺乏盈利能力，缺乏可持续发展的全球竞争力。从经济角度看，一个真正的世界大国的诞生，依赖于该国拥有一批世界级的、拥有全球竞争力的企业。那么，如何集体做强？如何成为有国际竞争力的全球企业？这些已是中国企业必须面对的挑战。所以，党的十九大报告提出，要"深化国有企业改革，发展混合所有制经济，培育具有全球竞争力的世界一流企业"[①]。这既是中国参与新一轮全球经济竞争的需要，也是中国深入推动结构性改革、实现高质量发展的需要，更是中国建设创新型国家、释放新动能的需要。

20 世纪 20 年代，美国总统柯立芝说，"美国的事业就是企业"[②]，美国

---

① 培育世界一流企业——代表谈国企改革 [R/OL]. 新华社，http://cpc.people.com.cn/19th/n1/2017/1023/c414305-29603636.html.

② 尼科尔斯，麦克修，麦克修. 认识商业 [M]. 陈志凯等译. 北京：世界图书出版公司，2009.

对世界各国的巨大影响力相当程度上来自美国的跨国公司，这些公司在某种意义上变成了一种文化和生活方式，随风潜入夜，润物细无声。今天，中国的命运也和中国企业的发展息息相关。未来十年是中国崛起和伟大复兴的关键十年，也是中国企业成长突破和建立全球竞争力的关键十年。如果千千万万的中国企业都能通过大大小小的创新方式实现自身成长，不仅"大"而且"强"，则中国经济必将走出传统增长方式的路径依赖，迎来新的海阔天空。

四、知识拓展

（1）教学平台发布讨论：党的十九大报告提出，要"深化国有企业改革，发展混合所有制经济，培育具有全球竞争力的世界一流企业"。结合今天的学习，请思考什么是具有全球竞争力的世界一流企业？中国企业未来应该如何继续转型升级？

（2）教学平台发布作业：目前全球公认比较权威的品牌价值榜有两个，一个是 Interbrand 的全球最佳品牌 100 强（Best Global Brands）[①]，2000 年开始发布；一个是 WPP 集团旗下的 BrandZ 最有价值全球品牌（Top 100 Most Valuable Global Brands）[②]，2007 年开始发布。请对比这两个品牌价值榜单上中美两国上榜企业数量和位次差异，并分析可能的原因。

五、思政融入

数据解剖法教学思政融入过程如图 8 - 12 所示。

这一次的课程由一份榜单导入，这个榜单大部分人都知道但似乎又不是很了解。因为"都知道"，所以可以激发起学生的兴趣。而"似乎不了解"，则让学生有进一步学习探究的欲望。那么如何探究呢？"教育的目的是培养

[①] Interbrand 从品牌业绩表现、影响力、品牌保障公司持续收入能力三方面衡量，它要求品牌经营范围必须覆盖至少三大洲，必须广泛涉足新兴市场，必须有足够的公开财务信息，必须长期盈利，30% 以上的收入必须来源于本国以外地区。

[②] BrandZ 最有价值全球品牌是通过观察品牌在购买决定中的作用、评估公司财务价值中纯粹由品牌贡献的那部分价值来进行衡量的，其核心是计算品牌所能带来的溢价。

独立思考"①，所以，教师在做了示范性的分析之后，就将材料交付给同学，布置小组任务，让同学们自己展开分析。我们相信，"自我教育所取得的效果胜于他人枯燥乏味的说教"②。通过这样的方式，教师引导、组织同学们利用材料进行测算，尝试从数据里挖掘本质。这样，伴随着测算完成，他们也就了然了榜单透露出来的中国企业的成就，明晰了中国企业和美国企业的差距。

图 8－12　数据解剖教学思政融入过程

一方面，"沉舟侧畔千帆过，病树前头万木春"，中国企业在世界 500 强榜单中的强劲表现，伴随着的是中国经济的高速成长，以及企业家精神的回归。中国推进高质量发展的战略正在产生效果，中国企业正在由规模增长向规模和利润协同发展方向转型。今天是中国有史以来甚至是世界有史以来，创业者和企业家精神最广泛、最活跃、最生动的时代。以中国广袤的大地、巨量的人口、强大的市场和良好的基础设施为基础，未来，中国企业的成长空间不可限量。

另一方面，了解了中国企业的差距和不足，学生们深刻认识到一个国家

能否成为真正的世界大国，依赖于该国是否拥有一批世界级的、拥有全球竞争力的企业。中国企业能不能建立让全世界认同的影响力？这一点至关重要。中国经济的新时代，是创新驱动、能力牵引的新时代。这个时代的优胜者，一定是强大的，把"强"放在"大"的前面，将是中国企业未来的基本特征。

通过这样的教学设计，学生们对党的十九大报告提出的要"深化国有企业改革，发展混合所有制经济，培育具有全球竞争力的世界一流企业"①就有了深刻的理解。了解到这既是中国参与新一轮全球经济竞争的需要，也是中国深入推动结构性改革、实现高质量发展的需要，更是中国建设创新型国家、释放新动能的需要。未来，我们需要以全球性的国际视野，珍视中国的创业家、企业家精神及其价值，为他们创造更大的舞台和空间，以此来鼓舞他们有更大的雄心和力量，有更强大、更伟大的创造，这样，才能真正营造出一个"千帆竞发、万木争春"的局面，才能真正实现中国企业的"凤凰涅槃、焕发新生"。

---

① 培育世界一流企业——代表谈国企改革［R/OL］. 新华社，http：//cpc. people. com. cn/19th/n1/2017/1023/c414305 - 29603636. html.

案例教学设计九："5E"教学模式^{*}

海尔"人单合一"模式，
在全球治理中贡献中国智慧

专业知识点	跨国公司组织结构模式		
思政元素点	致力中国本土理论构建，引领学术领域中国创造		
育人目标	知识传授	1. 知晓母子结构模式的特点和优缺点 2. 知晓国际部结构模式的优缺点 3. 理解全球性组织结构模式的特点 4. 区辨全球性产品结构、全球性地区结构和全球性职能机构 5. 了解海尔的"人单合一"模式	
	能力培养	1. 学生锤炼自主探究和知识建构的能力 2. 学生具备创新思维，认真研究当前时代重大而紧迫的问题，推动理论创新	
	价值引领	1. 学生切实体悟到中国不仅要在经济发展上创造奇迹，在理论创新上也要书写辉煌 2. 学生深刻认识到自己肩负的特殊历史和时代使命，有责任通过激荡思想、碰撞智慧、分享经验，助力中国改革开放再出发，为困境中的世界经济点亮前进之路	
教学设计	"5E"教学模式：吸引→探究→解释→迁移→评价		
知识拓展	1. 拓展阅读：《终结科层制》 2. 查阅资料和相关文献并撰写研究报告，详细介绍海尔"人单合一"组织模式的变革		

---

    * "5E"教学模式是美国生物学课程研究（Biological Science Curriculum Study，BSCS）开发的一种基于建构主义教学理论的模式，是 BSCS 课程的一个重要特征。自 20 世纪 80 年代末以来这种教学模式就在 BSCS 的总课程设计中被应用，并占据着十分重要的地位。它描述了一种能用于总课程、具体学科课程或某一节具体课的教学程序，是一种致力于引起学生学习兴趣的有效的教学模式和教学方法。参见吴成军，张敏. 美国生物学"5E"教学模式的内涵、实例及其本质特征［J］. 课程·教材·教法，2010，30（6）：108 – 112.

一、理论概述

跨国公司组织结构的演变主要经历了以下几种形式。

（一）母子结构模式

母子结构模式中，子公司与母公司的联系纽带是母公司总经理与子公司总经理之间的个人关系；在业务活动上，国外子公司在经营方面相对独立；在职能划分上，母公司主要关注公司的投资计划和财务状况，定期按股权收取红利。母子结构模式的优点在于子公司的独立性较大，能对形势变化做出快速反应；公司职员不会受到多头领导，避免了相互扯皮的困扰；同时公司的组织结构简洁明确，母公司易于直接获得子公司的情报。但是随着跨国公司业务范围的扩大，国外子公司数目增多，这一结构模式的缺点日渐显露，母公司总经理仅凭个人之力无法管理规模日益扩大的子公司，难于集中精力策划企业的中长期经营策略。

（二）国际部结构模式

国际部结构模式中，跨国公司总部下面设立了国际业务部，在内部建立了正规的管理和沟通国际业务的机制，可以更好地协调海外子公司的活动，有利于资源的综合调配。但这种结构模式易造成国际业务部门与国内业务部门之间的冲突，同时国际部协调和支持国外经营活动的能量亦有限。

（三）全球性组织结构模式

全球性组织结构模式是指由公司总部从全球角度来协调整个公司的生产和销售、统一安排资金和利润分配的形式。其特点是国内和国外的经营决策权都集中于母公司总部，总部不再只负责或主要负责国内经营决策。此外，总部任何组织部门都按世界范围来设置，既管理国内分支机构，又管理国外分支机构，还负责各部门的全球经营活动，而母公司来源国本国仅仅为世界的一部分。

全球性组织结构模式包括全球性产品结构、全球性地区结构和全球性职能结构三种形式。全球性产品结构中，母公司按照产品的类别设立副总经理，负责该类产品或产品线在全球范围内的生产、营销、开发和计划等全部职能活动，每类产品形成一个利润中心。全球性地区结构中，母公司按照不同的地区设立副总经理，对该地区的各项业务负主要经营责任，每个地区形成一个利润中心。全球性职能结构中，母公司按照职能分工设立副总经理，研发副总负责全球研发机构的活动，生产副总负责国内外工厂的产品生产活动，销售副总负责公司在国内外的销售活动，财务副总负责各子公司之间的资金调拨、借款和利润分配等。

二、问题导入

这一部分的教学设计尝试采用"5E"教学模式。"5E"教学模式在实际操作中分为五个教学环节（见表 9-1），依次分别是吸引（engagement）、探究（exploration）、解释（explanation）、迁移（elaboration）、评价（evaluation），因五个教学环节的英文单词首字母都是"E"而得名。

表 9-1   "5E"教学模式的教学环节

教学环节	活动过程	知识建构的过程
吸引	教师创设情境 激发探究兴趣	提出问题
探究	学生自主、合作探究 教师"支架式"引导	问题探究
解释	学生展示结果 教师补充修正	知识建构
迁移	教师再次引导 学生知识迁移	知识延伸拓展
评价	贯穿活动过程 评价形式多样	知识巩固

（一）吸引

吸引环节是"5E"教学模式的起始环节。"5E"教学模式强调通过创设问题情境来激发学生的学习兴趣。教师在这一环节的主要任务是创设问题情境来激发学生的学习兴趣。这里的问题情境要坚持三个联系：与学生的现实生活联系起来，与课程内容和教学任务联系起来，与原有的知识和概念联系起来。情境中的问题要能够吸引学生，引起认知冲突，从而激发学生的主动探究和认知思维，主动建构知识的兴趣。学生的任务是专注倾听，并对新知提出问题和自己感兴趣的地方，并通过对教师问题的回应和对自己问题的确证找到自己理解的探究切入点。

（二）探究

探究是"5E"教学模式的中心环节。教师可以根据上一环节创设的问题情境或引发的认知冲突，引导学生进行探究。在探究的过程中，学生是主体，教师的作用是引导和协助。教师注意观察、倾听，并进行适当的提示和指导，以了解学生探究的进程和深度，同时避免学生过快地得出结论。

（三）解释

解释阶段是"5E"教学模式的关键环节。这一阶段应将学生的注意力集中在对探究过程和结果的展示及分析方面，给他们提供一个机会表露其对概念的理解，以及对技能的掌握或方法的运用，让学生尝试用自己的理解阐述他们对概念的认知。

（四）迁移

在教师的引导下继续发展学生对概念的理解和应用技巧，扩充概念的基本内涵，并与其他已有概念建立某种联系，同时用新的概念解释新的情境或新的问题。通过实践练习，学生从中可以加深或拓展对概念的理解，获得更多的信息和技能。这一阶段也为教师提供了直接介绍概念、过程或方法的机会，教师应该借助课程目标来帮助学生更加深入地理解新的概念。在利用新概念解释新的类似的情境或问题时，要注意引导学生尽量使用刚刚学习的专业术语，这不仅可以对新情境和新问题进行回答，而且可以加深对新概念的理解。

（五）评价

评价环节是学习某个主题后的结束环节或者说是课堂的总结环节。评价不是考核，是信息获取的渠道，是教与学改进的方式。评价可以通过过程性评价和终结性评价进行。过程性评价旨在了解学生对课程内容的理解及应用，更为侧重考察探究的过程、学生的参与程度和思考的深度。终结性评价是一种综合性评价，旨在考查学生是否达到教学目标的要求，并帮助学生回顾和反思自己的学习和思考。

三、案例分析

这一次的教学设计采用了"5E"教学模式，按照"吸引→探究→解释→迁移→评价"的次序展开教学。

（一）吸引

在学生掌握了跨国公司组织结构由母子结构模式到国际部结构模式再到全球性组织结构模式的演变之后，教师进一步引出问题：网络数字化时代具有哪些特征？目前的市场环境发生了怎样的变化？在这样的时代环境下跨国公司组织模式可能会发生怎样的变化呢？

（二）探究

探究环节开展头脑风暴，引导学生通过弹幕表达自己的想法和观点。弹幕教学契合了大学生追求新奇、渴望表现、善于互动的特点，提高了学生参与课堂的兴趣。如果课堂上"弹幕"频繁，说明这次的教学设计切中了学生的兴趣点，引发了学生的延伸思考，如果恰恰相反，学生"弹幕"不积极，则说明学生可能对教师提出的问题不够熟悉或者可能因为对问题兴趣不够而没有展开足够深度的思考，需要教师进行进一步的调整，努力设计既能吸引学生注意力又能调动学生参与性的内容，让"弹幕"成为跟踪学生思想的媒介。因为相较于直接向学生灌输知识，激活他们探究的热情更为重要。弹幕环节结束后，对这一阶段的弹幕进行词云分析可以发现，学生们普遍认为网络数字化时代的市场"万物互联""瞬息万变""复杂""不确定"，跨国公司必须"系统性思考""敏捷改进""创新迭代"其组织模式，"主动参与""快速反应"才能更好地应对 VUCA① 的时代。

---

① VUCA 是 volatility（易变性）、uncertainty（不确定性）、complexity（复杂性）、ambiguity（模糊性）的首字母缩写。所谓 VUCA 时代，就是指我们正面对着一个易变、不确定、复杂和模糊的世界。

头脑风暴之后，播放央视纪录片《创新强国》第二集《创造新动能》①中介绍海尔"人单合一"模式的一段视频，视频之后布置课后任务：长期以来，中国公司被认为是西方公司治理的学习者，而今海尔的组织变革被《哈佛商业评论》推上封面，这是西方管理学界对中国企业治理模式创新的肯定。请结合视频内容搜集阅读相关文献资料，思考海尔"人单合一"模式中什么是"人"、什么是"单"，"人单合一"的发展历程是怎样的，具有什么特征，海尔为何能够成为旧模式的破坏者和终结者。请课后制作PPT，在教学平台提交，并准备下次课的展示讲解。②

（三）解释

这一环节由学生展示讲解和问答互动构成。因为课堂时间限制，所以采取了教学平台随机点名的方式，抽选5位同学上台展示讲解。采取这种方式，每位同学都有被抽选的可能，所以，每一位同学都会认真进行上台展示的准备，保证了作业的完成质量。展示之后，教师和其他同学针对展示的内容进行提问和互动。③

在这一环节中，教师的任务是设置对话场景，引导学生客观清楚地表达自己的观点，并运用已有知识解释现实生活中的新现象、新问题，实现"不仅知其然，而且知其所以然"的目标。学生的任务则是阅读大量相关文献，探究海尔"人单合一"模式的含义、发展历程以及创新之处。通过完成课后任务，学生可以在新的学习场景下理解关键知识和概念，巩固新旧知识和概念间的联系、理解，进一步将学习的知识转化为个体内化的经验和认知。而问答互动环节的设置，则促进了学生进一步的深度思考。

（四）迁移

这一环节继续通过弹幕方式进行探究。教师提出问题："万物互联"

---

① CCTV 节目官网，http://tv.cctv.com/2020/01/08/VIDEhWqycLlXCaUoPboXsMgh200108.shtml。

② 制作PPT的任务方式有两个关键词："学术"和"自由"。一方面，学生需要以特定内容为研究中心进行探究，从学术的角度提出问题、解决问题和表述观点。另一方面，这种探究可以自由组织材料，表达言之成理即可。通过这种任务方式，学生的文献阅读、材料组织、逻辑梳理和深度思考能力得到了锻炼。

③ 在这里，保证作业的完成质量非常重要，因为有备而来的展示和互动才是打破沉默课堂的关键。

"瞬息万变"的网络数字化时代，海尔主动求变，其探索具有前瞻性，符合中国经济转型的要求，其组织结构创新被国际、国内治理学界广泛研究学习，那么在这样的时代洪流中，我们每个人又应该秉承怎样的精神内核呢？三分钟思考时间之后，[①] 学生们的弹幕纷纷飘过："学习速度一定要大于环境变化的速度""洞察力""前瞻性""学会整合资源""适应力""跨界学习""创新理论观念""系统性思考"等成为学生弹幕的关键词。

(五) 评价

这次的教学设计通过弹幕教学、学生展示和互动问答进行过程性评价。借助这些评价方式教师可以了解学生探究的过程、学生的参与程度和思考的深度。学生可以通过其他同学的弹幕、展示进行自评，这种来自朋辈的压力可以为其提供进一步改善学习的驱动力。终结性评价采取两种方式进行：一种方式是利用教学平台发布测试题，教师可以通过这种方式了解学生对课程内容的理解及应用，学生可以通过这种方式认知自己对探究活动付出的努力程度。另一种方式是在教学平台发布开放性讨论，让大家就本次教学的内容进行互动问答，旨在提供一个交互平台作为课堂的延续拓展，只有这种开放式的教与学，才能碰撞出不一样的火花。

四、知识拓展

(1) 拓展阅读：《终结科层制》[②]。
(2) 查阅资料和相关文献并撰写研究报告，详细介绍海尔"人单合一"组织模式的变革。

五、思政融入

"5E"教学模式思政融入过程如图 9-1 所示。

---

① 《噪声》中提到，群体讨论容易出现两种问题：一是随机差异会被群体放大；二是可能出现"群体极化"现象。为了更好地避免这些问题，开启弹幕之前给每个学生独立思考的时间，以便他们能够记录澄清自己的想法，形成良好的讨论生态。参见卡尼曼，西博尼，桑斯坦. 噪声 [M]. 李纾，汪祚军，魏子晗等译. 杭州：浙江教育出版社，2021.

② Hamel G, Zanini M. The End of Bureaucracy [M]. Harvard Business Review, 2018 (12)：50-59.

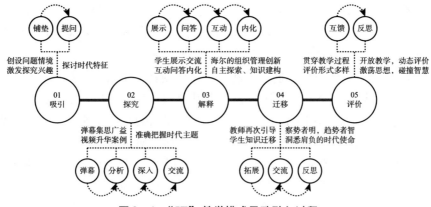

图9-1 "5E"教学模式思政融入过程

2016年5月17日，习近平总书记在哲学社会科学工作座谈会上的讲话中指出："当代中国正经历着我国历史上最为广泛而深刻的社会变革，也正进行着人类历史上最为宏大而独特的实践创新。这种前无古人的伟大实践，必将给理论创造、学术繁荣提供强大动力和广阔空间。"① 今天，中国特色社会主义进入新时代，我们的实践经验日渐丰富，我们的理论思考日益成熟，如何找到新时代的价值，是每一个企业和企业管理者都需要面对的挑战，同时也是创新管理价值的机会。

正如恩格斯所说："一个民族要想站在科学的最高峰，就一刻也不能没有理论思维。"② 伟大的时代呼唤伟大的理论，而聆听时代声音，回应时代呼唤，认真研究所处时代重大而紧迫的问题，推动理论创新，则需要我们具备深厚的研究素养以及理论构建能力，尤其考验我们对时代特征的准确把握、对复杂现象背后机理的深度挖掘以及对自我的挑战和突破。所以，这一次课从探讨时代特征开始，在通过头脑风暴、弹幕教学引导学生对时代主题有了科学判断、对新科技革命有了深刻认识、对世界形势有了准确把握之后，通过一段短视频引入海尔的理论探索。海尔向我们呈现了中国企业面向未来管理价值创新的勇敢探索，其探索无论是实践层面还是理论层面，在"致力中国本土理论构建，引领学术领域'中国创造'"方面都做出了重大

---

① 习近平．在哲学社会科学工作座谈会上的讲话［R/OL］．新华网，http://www.xinhuanet.com/politics/2016-05/18/c_1118891128.htm.

② 马克思，恩格斯．马克思恩格斯选集：第3卷［M］．北京：人民出版社，2012：875.

的贡献。① 但在这里，仍然没有"直给"，因为"物有甘苦，尝之者识；道有夷险，履之者知"②，让学生课后自己去探究，去解释，才能形成自主探索知识的能力。通过完成课后任务、课堂展示和互动，学生们深刻体悟到"中国不仅要在经济发展上创造奇迹，在理论创新上也要书写辉煌"③。"察势者明，趋势者智"④，在老师的进一步引导和迁移讨论中，学生们切实领悟到"这是一个需要理论而且一定能够产生理论的时代，这是一个需要思想而且一定能够产生思想的时代"⑤。而他们则"肩负着特殊的历史和时代使命，有责任通过激荡思想、碰撞智慧、分享经验，助力中国改革开放再出发，为困境中的世界经济点亮前进之路"⑥。这样，经由"吸引（导入型问题）→探究（启发式讨论）→解释（升华型案例）→迁移（应用型拓展）→评价（巩固性归纳和反思）"的"5E"教学模式，达成了知识获取的闭环，同时将价值引领这一巨大而抽象的工程化零为整。

---

① 李海舰、李文杰、李然. 新时代中国企业管理创新研究——以海尔制管理模式为例［J］. 经济管理，2018（7）.

② 出自刘基《拟连珠》，意思是：任何事物都有甘苦之分，只有尝试过才会知道；天下道路都有平坦坎坷之分，只有自己走过才会明白。阐述了"实践出真知"的道理。

③⑥ 解读中国经济发展的密码［R/OL］. 光明网，https：//difang. gmw. cn/sh/2018 – 09/14/ content_31175524. htm？s = gmwreco&p = 1.

④ 出自《鬼谷子》，意为能够洞察历史大势的是明白人，能够顺应历史大势的是明智者，在此基础上能够驾驭大势的人就会成为引领时代潮头者。

⑤ 习近平. 在哲学社会科学工作座谈会上的讲话［R/OL］. 新华网，http：//www. xinhuanet. com/politics/2016 – 05/18/c_1118891128. htm.

案例教学设计十：小组案例展示教学

"独行快，众行远"[①]
——Boomplay 与 Merlin 达成战略合作

专业知识点	1. 跨国战略联盟的定义 2. 跨国战略联盟的特征 3. 跨国战略联盟的竞争优势	
思政元素点	传音 Boomplay 与 Merlin 达成战略合作，互利共赢	
育人目标	知识传授	1. 识记跨国战略联盟的定义 2. 理解跨国战略联盟的特征 3. 探讨跨国战略联盟的竞争优势
	能力培养	1. 通过完成小组案例展示作品，学生具备综合分析、提供方案和应变决策的能力 2. 通过小组任务、团队协作，锤炼学生交流沟通、同伴学习的能力
	价值引领	1. 学生秉持"互利双赢"的理念，认识到在经济融合发展和世界经济一体化趋势中，竞争不是"零和博弈"，而是互利双赢。 2. 学生深刻体悟到从"一带一路"倡议到"构建人类命运共同体"设想，都体现了世界经济社会发展的现代合作与竞争观点
教学设计	小组案例展示教学：问题导入→头脑风暴→布置小组任务→隔堂小组案例展示→收获感悟	
知识拓展	1. 教学平台发布作业：一段话感悟（谈一谈今天的课堂收获） 2. 拓展阅读：《共生经济：消费创富时代下的选择与生长》	

---

① "独行快，众行远"这句谚语大意是说，一个人单独行动，没有负担与牵绊，可能走得很快；许多人并肩合作、一起行动，可以互相帮助、彼此支撑，共同克服困难，因而会走得更长远。

一、理论概述

(一) 跨国战略联盟的定义

跨国战略联盟指来自不同国家或地区的两家或两家以上的企业，为实现自身以及共同的战略发展目标，通过股权或契约建立起来的长期合作关系。

(二) 跨国战略联盟的特征①

跨国战略联盟具有跨国性、独立性、平等性和战略性特征。

跨国性是跨国战略联盟区别于国内战略联盟的根本标志，一方面是指结成跨国战略联盟的企业来自不同的国家，另一方面说明跨国战略联盟的活动是企业间资源的跨国整合。

独立性是指结成跨国战略联盟的企业之间是相互独立的，它们都是独立的法人实体，始终拥有自己的业务、自己的产品、自己的市场和自己的利益，对企业自身的经营业务始终拥有独立决策权，而不为联盟伙伴企业决策所左右。

平等性则表示跨国战略联盟伙伴的关系既不是组织内部的行政隶属关系，也不是组织与组织之间的市场交易关系，而是合作伙伴之间平等的互惠互利关系。

战略性一方面体现在企业间合作关系的长期性。跨国战略联盟注重从战略的高度和企业发展的整体角度来谋划跨国企业间的合作关系，因此跨国战略联盟的合作期限一般比较长，短则 3~5 年，长则几十年。另一方面体现在跨国战略联盟的结果对企业未来发展影响的长期性。由于建立跨国战略联盟是企业从战略的高度和企业发展整体的角度经过深思熟虑之后做出的战略决定，其着眼点是从国外获得战略资源或向国外扩散企业的战略资源，并进一步发展企业新的战略资源，获得持续的竞争优势，因而跨国战略联盟的成败必然会对企业未来发展产生长期的影响。

---

① 陈至发. 跨国战略联盟文化协同管理 [M]. 北京：中国经济出版社，2004：35-37.

（三）跨国战略联盟的竞争优势①

1. 资源共享的竞争优势

跨国战略联盟在联盟伙伴之间重新配置战略资源，使企业的战略资源从企业内部使用扩展到企业外部使用，扩大了战略资源的使用范围，实现了联盟伙伴之间战略资源的共享，进而导致成本的节约，获得成本优势。

2. 资源互补的竞争优势

企业用自己最有优势的战略资源和国外企业的战略资源重新整合，实现跨国企业间的资源互补，从而获得更大的持续竞争优势。

3. 发展新资源的竞争优势

在快速多变的科技环境中和激烈的全球市场竞争中，越来越多的企业借助战略联盟或跨国联盟发展自己新的战略资源，以获得持续的竞争优势。

二、问题导入

由新浪财经的一则新闻《Boomplay 与 Merlin 达成战略合作，增千万级独立音乐新曲库》② 引出问题："Boomplay 与 Merlin 为什么结成战略联盟进行合作？通过战略合作可以获得怎样的效率提升？"

> ## Boomplay 与 Merlin 达成战略合作，增千万级独立音乐新曲库
>
> 2019 年 12 月，由传音控股和网易合资打造的非洲音乐流媒体和下载服务平台 Boomplay 与全球独立音乐数字版权代理巨头 Merlin 达成战略合作。在获得环球音乐、华纳音乐、索尼音乐三大音乐集团版权授权，不断扩大音乐版权内容基础上，Boomplay 又增千万级音乐曲库，为非洲用户带来更多全球顶级的独立音乐资源。
>
> Boomplay 是非洲最大的音乐流媒体和下载服务平台，截至 2019 年

---

① 陈至发. 跨国战略联盟文化协同管理 ［M］. 北京：中国经济出版社，2004：47 - 51.

② Boomplay 与 Merlin 达成战略合作，增千万级独立音乐新曲库 ［R/OL］. 新浪网，http：//k. sina. com. cn/article_2286037382_8842298602000os5a. html.

11 月，Boomplay 拥有超过 6200 万用户，曲库规模高达 1000 万首，且仍在快速增长中。Merlin（全称 Merlin Network）成立于 2007 年，在全球数字音乐市场份额占比超 12%，覆盖了 20000 多个音乐厂牌和数字发行服务商。通过两大品牌的强强联合，Boomplay 与 Merlin 将在独立音乐的版权运营、内容宣发等方面展开全方位的深入合作，为非洲独立音乐爱好者提供更丰富的内容和更优质的体验，同时也将给非洲音乐生态带来新气象和新机遇。

音乐多元化始终是音乐产业发展强有力的推动力，也是 Boomplay 实现发展愿景——建立非洲最大且最值得信赖的数字音乐生态系统的重要条件。Boomplay 将继续依托强有力的数字音乐分发能力、庞大的用户群体及不断扩大的音乐版权合作阵营，引入更丰富的音乐内容，为实现非洲音乐多元化发展而不断努力。

从手机附属的音乐播放器到独立运营的音乐流媒体产品，再到成为非洲最大的数字音乐分发及宣发平台，并成功携手众多世界顶级合作伙伴——Boomplay 是传音在智能终端业务既有优势的基础上，以本地用户需求为创新出发点，依托智能终端操作系统和流量入口，打造非洲移动互联生态系统的成功案例。

移动互联网服务作为行业的发展趋势与重要盈利增长点，未来发展前景广阔。作为传音控股互联网生态业务的重要平台，Boomplay 是目前非洲最大的音乐流媒体平台，且发展速度强劲，有望引领传音在互联网服务业务板块再创佳绩，成为其新的业绩增长点。

三、案例分析

这一次的教学设计是通过"隔堂"小组案例展示进行的。即前一次课堂引入问题，展开小组讨论，布置小组案例展示任务，介绍小组案例展示的实施要求和评分细则，让大家课后准备，下一次课堂开展小组案例展示。

（一）头脑风暴

案例导入引出问题后开展头脑风暴。

头脑风暴是一种激励集体创新思维的方法，鼓励学生无拘无束地说出自己的观点并相互启发，集思广益思考各种可能的答案，引发参与者的思考和创造性。在这个过程中，需要的不是教师的评判，而是鼓励。通过这个过程，学生们一步步梳理出跨国战略联盟所能获得的各方面的效率提升，包括规模经济、范围经济、共生经济以及速度经济等。

（二）布置小组任务

这一环节，需要教师通过合理的设计让学生不仅"勇于展示"，而且"善于展示"。"成功的教学依赖于一种真诚的尊重和信任的师生关系，依赖于一种和谐安全的课堂气氛。"① 让学生"勇于展示"，就要为学生悉心营造一种尊重、民主、和谐的课堂氛围，让学生有展示的欲望，体验到展示的快乐和成就感。只有这样，展示才能真正成为观点的交流、智慧的碰撞。让学生"善于展示"，一方面需要在教师的指导下，学生能够找到带有普遍意义和近似性的"案例"进行展示；另一方面，则需要教师示范必要的展示技巧，比如图表比数字更直观、更形象具体，利用表格展示更易于让人对相关的数据产生对比等。所以，这一环节教师的精心设计，课堂良好氛围的营造，在引导学生展示、激发学生的积极性和创造性方面有着不可低估的作用。

（三）隔堂小组案例展示

小组案例展示环节的具体安排是：展示→提问回答→师生合作互馈与评价→教师归纳点评。

1. 展示

展示的环节不是现场展示，而是需要各个小组提前录制好视频，以视频作品的形式现场播放。作品完全由学生自己设计，自己录制，自己编辑。这样的视频作品，需要小组成员合力完成诸多准备工作，进而实现每个成员的深度参与。

2. 提问回答

这一环节的设计目的是促进互动，增进思维碰撞。非展示小组负责提问，所以需要认真观看展示小组的展示作品；展示小组代表进行回答，所以

---

① 方展画. 罗杰斯"学生为中心"教学理论述评［M］. 北京：教育科学出版社，1990.

要为可能的问题认真准备尽可能详尽的资料。同时，作为课堂互动的一员，教师也可以在适当时候通过提问或追问的方式提出问题，让学生们讨论回答，通过学生们的讨论和回答实现教学意图。

3. 师生合作互馈与评价

评价是无形的激励，恰当的评价能促进学生课堂展示水平的提高，直接影响到学生课堂展示的积极性和课堂教学的效果。"师生合作互馈与评价"的设计重在"以评促学"，鼓励学生深度参与，促进同伴学习。具体环节为：展示作品在课堂依序播放，每一件作品播放后设置提问环节，每一个小组（展示小组除外）提问一个问题，展示小组推选代表回答。全部作品展示完毕后，进行师生合作评价。每个小组根据教师提前公布的评分细则，结合展示内容、展示效果、语言仪态、问答情况等综合评分。每位同学根据组内成员的贡献给小组内其他成员评分，所有评分通过教学平台直接提交给教师。各小组最终得分由教师评分（50%）和小组互评（50%）构成，个人最终得分由小组得分（70%）和组内互评（30%）构成。

4. 教师归纳点评

这一环节设置在师生合作评价之后，意在不影响学生的互评，同时，也可以让学生在教师点评的时候思考为何教师的评价和自己不同，存在哪些差异，为什么存在这种差异，说明了什么问题，而教师也可以通过对比发现学生的关注点在哪里，今后的教学应该如何调整。

四、知识拓展

（1）教学平台发布作业：一段话感悟（谈一谈今天的课堂收获）。
（2）拓展阅读：《共生经济：消费创富时代下的选择与生长》①。

五、思政融入

小组案例展示教学思政融入过程，如图 10-1 所示。

---

① 罗小林. 共生经济：消费创富时代下的选择与生长［M］. 北京：经济管理出版社，2017.

以"产出"为导向，学习"成果化"

"战略联盟"案例展示

搜集资料
制作PPT
设计录制
后期编辑
团队协作
深度参与

备展　　　　　　师生合作互馈与评价

生生互馈：提问回答
师生互馈：归纳点评
各小组最终得分=
教师评分（50%）+小组互评（50%）
个人最终得分=
小组得分（70%）+组内互评（30%）

思政融入：合作共赢的思想，"一带一路"倡议，构建人类命运共同体

图 10 - 1　小组案例展示教学思政融入过程

苏霍姆林斯基认为，"学生的许多问题，比如厌学、精神不振等，都是由于学生没有看到自己的力量与才能所造成的。学生学习的最大苦恼，是看不到自己的学习成果，得不到应有的回报"[①]。那么，如何解决学生"看不到学习成果而缺乏学习动力"这一难题呢？

解决这一难题可以逆向思考，让学习"成果化"，以"产出"为导向[②]，组织课堂活动、搭建"产出"平台，让学生在创造与体验中成功学习、主动发展。所以，这一次的教学设计采用"隔堂"小组案例展示的方式展开，经由这种设计来激活学生的表现力，迸发课堂活力。

小组案例展示包括三个环节："备展""案例展示""师生合作互馈与评价"。其中，案例展示犹如扁担，挑起展示前"备展"与展示后"师生合作互馈与评价"这两种学习活动，而真正的学习恰恰发生在这两种学习活动中。那么，如何实现高效课堂？如何调动所有同学的积极性、实现全员深度参与？如何推动思维互动与智慧共生？这些都需要教师进行精心设计和组织。

首先，"学习成果化"。小组案例展示需要在展示前经教学平台提交展示作品。作品是视频形式，可以设计片头，可以插入短视频，可以加入字幕，可以由不同同学合作展示作品的不同部分……完全由学生自己设计，自己录制，自己进行后期编辑。这样，要进行一次优秀的案例展示，就需要小组成员合力完成诸多准备工作，如选题、制作PPT、设计、录制、后期编辑

---

① 苏霍姆林斯基. 给教师的建议［M］. 杜殿坤编译. 北京：教育科学出版社，1984：493.

② "产出导向"即以学习产品（创作作品、实验报告、解决方案……）为中心组织教学行动，让学生在搜集、探究、展示、反馈的过程中建构知识、启迪思维、提升智慧、养育人格，并通过获得成果激发学生学习的内部动机，让学习者体验到知识收获的成就感与解决问题的实践智慧。

等，需要每个成员的深度参与，在深入的交流沟通、密切的团队协作和契合的同伴学习中，学生们都获得了成长。

其次，"师生合作互馈与评价"。这一环节的设计重在"以评促学"，鼓励学生深度参与，促进同伴学习。这一过程中，课程理论知识的有效内化，"合作共赢"思想的深入人心，提问回答中的思维互动、不断探究、深入思考、持续反思，合作评价中的智慧共生，使得课堂学习不仅聚焦学生"表现力"，而且更为关注学生"思维力"，实现了"表现与思维有机结合，形式与内容和谐统一"。学生不仅深刻领会了跨国公司战略联盟"合作共赢"的本质，同时增强了探究思考、团队合作的能力，大大提升了课程学习的获得感。

同时，小组案例展示既有其外显含义，又包含内隐深意。外显含义即小组合作的"学习成果"。学生主动参与、通力合作、耗费心血、精心制作的展示视频，对于同学而言，会成为他们课程学习期间的一段美好回忆，对于教师而言，则充实了教师的教学资源，并伴随着课程教学不断迭代。内隐深意则指小组案例展示中蕴含的情感价值。案例展示制作提升了学生们团队协作、探究思考的能力，让他们体验到知识收获的成就感与解决问题的实践智慧，可以进一步激发其学习的内部动机；展示过程中对战略联盟案例的剖析则让大家深刻领会了其"合作共赢"的本质，在教师的引导下，由企业推及国家，学生们进一步认识到"独行快，众行远"，在经济融合发展和世界经济一体化趋势中，竞争不是"零和博弈"，而是互利双赢，深刻认识到从"一带一路"倡议到"构建人类命运共同体"设想，无不体现着世界经济社会发展的现代合作与竞争观点。

案例教学设计十一："隔堂"对分教学

"雄关漫道真如铁，而今迈步从头越"①
——TCL：折戟和飞腾

专业知识点	1. 跨国并购和新建的定义 2. 跨国并购相较于新建的优势和劣势 3. 跨国并购失败率较高的原因
思政元素点	TCL 的全球化践行不易却持续突破
育人目标	<table><tr><td>知识传授</td><td>1. 知晓跨国并购和新建的定义 2. 区辨跨国并购相较于新建的优势和劣势 3. 探讨跨国并购失败率较高的原因</td></tr></table>

育人目标	知识传授	1. 知晓跨国并购和新建的定义 2. 区辨跨国并购相较于新建的优势和劣势 3. 探讨跨国并购失败率较高的原因
	能力培养	1. 学生具备问题意识，"想问""多问""会问""善问" 2. 学生能够结合具体的跨国并购案例，分析其成功或失败的原因
	价值引领	学生认识到要正确对待一时的成败得失，处优而不养尊，受挫而不短志，使顺境逆境都成为人生的财富而不是人生的包袱
教学设计		"隔堂对分"教学：精讲留白→内化吸收→小组讨论→组间对话→师生对话
知识拓展		教学平台发布讨论：中国企业走出去，如何才能行稳致远？

---

① 出自毛泽东的《忆秦娥·娄山关》。释义：不要说娄山关坚硬如铁难以逾越，而今让我们重振旗鼓向前。隐约透露出当时战略任务受挫，要对长征计划从头再作部署，且有取得胜利的坚定不移的信心。

一、理论概述

（一）跨国并购和新建

跨国并购是指跨国公司等投资主体通过一定的程序和渠道，取得东道国某个现有企业的全部或部分资产所有权的投资行为。按照联合国贸发会议（UNCTAD）的定义，跨国并购包括外国企业与境内企业合并；收购境内企业的股权达 10% 以上，使境内企业的资产和经营的控制权转移到外国企业。

新建也称绿地投资，是指跨国公司等投资主体在东道国境内依照东道国的法律设置部分或全部资产所有权归外国投资者所有的企业。新建有两种形式：一是建立国际独资企业，其形式有国外分公司、国外子公司和国外避税地公司；二是建立国际合资企业。

（二）跨国并购相较于新建的优势和劣势

跨国并购相较于新建的优势和劣势见表 11 – 1。

表 11 – 1　　　　　　　跨国并购相较于新建的优势和劣势

跨国并购的优势	跨国并购的劣势
能迅速扩大公司规模	目标企业价值评估困难
能迅速进入东道国市场	企业规模和选址问题
能充分利用东道国相关企业的资源	受原有契约或传统关系的束缚较大
能消灭竞争对手	失败率较高

（三）跨国并购失败率较高的原因

一是高溢价收购。在并购交易的定价上，应该进行审慎性调查，使信息客观、准确而充分，并且有必要向专业评估机构咨询，了解合适的交易价格范围。以上工作做不好，很容易导致高溢价收购。

二是盲目扩张收购。企业在缺乏强有力的核心业务的情况下，却大量盲目多元化扩张并购，最后不能得到市场的认可，导致企业衰败。

三是对市场环境变化预测不足。企业很难准确预测市场环境的变化。企业并购前，产品供不应求，并购交易后，情况如果发生变化就会影响并购结果。

四是并购后整合不力导致失败。并购整合是指当一方获得另一方的资产所有权、股权或经营控制权之后进行的资产、人员等企业要素的整体系统性安排，从而使并购后的企业按照一定的并购目标、方针和战略组织运营。并购交易完成之后的整合，是更加复杂、艰巨、深刻而持久的系统化工程，包括发展战略整合、管理整合、人事整合、企业文化整合等一系列运作，任何一个环节的操作不当均会导致严重后果，乃至前功尽弃。

二、问题导入

这一部分的教学设计尝试采用"对分课堂"。"对分课堂"是普林斯顿大学心理学博士、复旦大学心理系张学新教授于 2014 年提出的一种原创性的课堂教学新模式①，其核心理念是把一半课堂时间分配给教师进行讲授，另一半课堂时间分配给学生以讨论的形式进行交互式学习。类似于传统课堂，对分课堂强调先教后学，即教师讲授在先，学生学习在后。类似于讨论式课堂，对分课堂强调生生、师生互动，鼓励自主性学习。对分课堂的关键创新点在于把讲授和讨论错开，让学生在中间有一定的时间自主安排学习，进行个性化的内化和吸收。对分课堂把教学刻画为在时间上清晰分离的三个过程，分别为讲授（presentation）、内化和吸收（assimilation）、讨论（discussion），也可称为 PAD 课堂（PAD class）。② 将内化和吸收过程安排在课后，本堂课讨论上堂课的内容，这是对分教学最核心的特点，称为"隔堂对分"③（见图 11 - 1）。

---

① 该教学模式理论基础坚实，设计周密，易学易用，适用性广，目前已经在国内外课堂教学中得到广泛应用，教学效果明显。

② 张学新. 对分课堂：中国教育的新智慧［M］. 北京：科学出版社，2016：4.

③ 还有一种"隔堂对分"的简化形式，称为"当堂对分"，当堂对分就是在一堂课或一次课上完整地实施讲授、独学、独立做作业、小组讨论和全班交流这 5 个环节。张学新. 对分课堂：中国教育的新智慧［M］. 北京：科学出版社，2016：6.

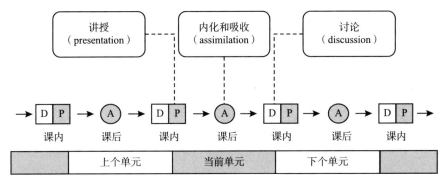

图 11-1 "隔堂对分"的基本流程

资料来源：张学新．对分课堂：中国教育的新智慧［M］．北京：科学出版社，2016：4.

"对分课堂"在实际操作中分为四个教学环节，依次分别是"讲授→独学→同伴讨论→师生对话"。

（一）讲授环节

教师以框架式、引导性讲授为主，通过单向讲授，介绍教学内容的框架、重点和难点。与传统讲述非常不同，其主要目标不是传授知识，主要目的在于明确教学内容、引发学习兴趣、指导学习方法，为学生的学习提供铺垫，开启学生的学习过程，不能过度。

（二）独学环节

独学的主要内容是读书、复习、独立思考、完成作业，学生可以根据个人的兴趣、能力、需求，在最适合自己的时间，以最适宜自己的方式方法，深入理解，进行个性化的内化和吸收。其中作业是连接讲授与讨论的核心环节，是对分成功的关键。除了传统形式的作业外，对分作业有一个新的构成，简称"亮考帮"。学生在听课、读书、完成常规作业后，要总结出学习过程中自己感受最深、受益最大、最欣赏的内容等，称为"亮闪闪"；要把自己弄懂了但是觉得别人可能存在困惑的地方，用问题的形式表述出来，用来挑战别人，称为"考考你"；要把自己不懂、不会的地方或想要了解的内容，用问题的形式表述出来，在讨论时求助于同学，称为"帮帮我"。学了就应该有收获，会了就应该能考别人，不会就应该知道如何问别人。"亮考帮"是对学习过程和学习体验的凝练和反思，是随后讨论过程中的素材和关键支撑，学生可以在完成作业的过程中去理解、体会、感悟和思考，所以必须完成。

（三）同伴讨论环节

教师简要回顾上节课的内容和作业要求，随后 4 人一组开始讨论。"有备而来的讨论是打破沉默课堂的关键"，那么，如何有备而来，亮考帮！学生围绕作业特别是"亮考帮"，针对各自的收获、困惑、疑难，互相答疑、互相启发、取长补短，把普遍性的问题记录下来。小组讨论时，教师巡回观察各小组学生的讨论状况。当个别小组有问题时，可给予一定的帮助，但不要介入过多。同时，要倾听学生讨论，了解学生的困惑所在。

（四）师生对话环节

师生互动，集中解决重难点问题，深度内化知识。

三、案例分析

这一次的教学设计采用了"隔堂对分"的教学模式，但结合具体情况进行了调整。

（一）教师讲授

教师对新建和跨国并购这两种国际直接投资方式进行简要比较，并利用实证显示跨国并购的失败率更高，概要分析了跨国并购失败率更高的原因。通过"留白"给学生留下独立探究的空间和时间。

（二）学生独学

布置课后独学任务：（1）学习教材对应部分内容；（2）观看教师根据央视大型纪录片《跨国并购》第二季《美丽的诱惑》和《跨越中国制造》第四集《国际化之路》剪辑而成的视频；（3）阅读案例资料《雄关漫道真如铁，而今迈步从头越》①；（4）结合课程内容、视频和阅读资料完成"亮

---

① 南风窗. TCL 美国征战记 ［R/OL］. https：//www. wxnmh. com/thread – 8578100. htm.

考帮"①，在下次课前通过教学平台提交。关于"帮帮我"，这里做了一个小的调整，要求不仅提出问题寻求帮助，还要给出自己的理解和想法，让别人知道你已经做了什么努力，以及你需要什么样的帮助。这个调整，意在鼓励学生在自主思考和探索之后再寻求帮助。

"亮"考验学生凝练概括的能力。由于学生们在学习中遇到的困难不同、所具备的理论知识基础不同、上课所关注的焦点不同，而视频和案例资料中涵盖的信息量又比较大，所以，他们的"亮闪闪"也存在着较大差别。有的学生关注到 TCL 的"折戟"，有的学生关注到 TCL 的"飞腾"，有的学生关注到"走出去"的文化差异，有的学生关注到"技术创新"驱动，有的学生关注到"品牌软实力"，还有的学生关注到"走出去"不仅仅是权宜之计，而且是长远之谋，即便遇到再多挑战也要直面……

"考"和"帮"考验的是学生提问的能力。学懂的、不懂的都以问题的形式表述出来，切中"学问"的"问"字。但这里需要注意的是，这里的"问"是让学生自己发现问题，而不是像其他教学方式中由教师提前设计好问题，供学生们讨论。"学贵知疑。大疑则大进，小疑则小进。疑者觉悟之机，一番觉悟，一番长进。"② 提出问题是一切发现和创新的基础。所以，不但要鼓励学生敢问、想问、多问，还要引导他们会问、善问。学生们提出的问题和给出的答案，有一些是教师预先想到的，还有一些是教师没有预想到的。例如，有同学提出的"考考你"就是：为什么一定要走出去？为什么一定要全球化？有同学用任正非被广为传颂的几句话作为回应："一个企业需要有全球性的战略眼光才能发愤图强，一个民族需要汲取全球性的精髓才能繁荣昌盛，一个公司需要建立全球性的商业生态系统才能生生不息，一个员工需要具备四海为家的胸怀和本领才能收获出类拔萃的职业生涯。"③ 同样的问题，还有的同学的回应是：之所以全球化，不仅仅是我们"需要"，以资源为导向的产业链的需要，应对贸易保护主义的需要，保持产业竞争力的需要……还因为我们"能"，中国优秀企业批量化地被"全球第一经济强国"制裁，恰恰说明了这些企业全球竞争力的提升。而针对中国企

---

① 要求完成"亮闪闪"1 个，"考考你"3 个，"帮帮我"3 个。

② 《明儒学案·白沙学案上·文恭陈白沙先生献章》。释义：做学问贵在勤于思考、勇于质疑，小的疑问会带来小的进步，大的疑问会带来大的进步。能提出疑惑和问题，正是觉悟和发现道理的契机。这样才能不断觉悟，不断进步。

③ 希文. 任正非内部讲话［M］. 哈尔滨：哈尔滨出版社，2017.

业海外投资失败的主要原因，有的同学进行了极为精炼的总结：事前对风险准备不足，事中对风险不善应对，事后对风险不予总结改进……这些凝练的问题和别出心裁又富有深意的答案也进一步促成了教师的提高和反思，真正实现了教学相长[①]。

（三）小组讨论

小组讨论的核心是"共析疑难，互相帮助"，小组讨论的意义不仅仅是通过同伴讨论解决学生能力范围内的疑难问题，在深度交流中满足彼此的个性化需求，而且加深了同学们之间的了解，发现了同伴的优点，而对同伴的肯定及再认知又进一步激励着同伴改进，个人能力及班级凝聚力均得到了提升，对于学生而言，笔者认为这是最为重要的。为确保较好的讨论效果，教师提前设计了"对分课堂"小组讨论工作单（见附录6），要求学生在小组讨论过程中做好记录，讨论结束时拍照提交至教学平台。在查看各小组的讨论工作单之后，发现存在这样一种情况：A 组的"考考你"的问题，恰好是 B 组"帮帮我"的问题，所以，针对这种情况，进行了一个小的调整，将下一阶段对话环节分为组间对话和师生对话两个环节来进行。

（四）组间对话

请各小组查看其他组的"亮考帮"，从中选择一个自己小组能解决的问题，给出解决方案，并准备分组展示。展示时，让回答近似问题的小组顺序展示，这样能相互补充和相互质疑，在二次探究中重新梳理发现，厘清思路，让学生真正地领悟探究的内容。所以，这一环节，不是教师集中解答问题，而是小组之间先相互解答，仍然遗留的问题由教师再进行解答。这样的调整，对学生创造性思维和批判性思维的培养大有裨益。

（五）师生对话

由于在各小组相互补充和相互质疑中，问题基本上都由学生们自己解决

---

① "教学相长"指教师与学生在教学过程中的良性互动与相互影响，师生之间相互学习，共同提高。参见夏正江. 迈向课堂学习共同体：内涵、依据与行动策略 [J]. 全球教育展望，2008（11）：15–21.

掉了，遗留的少数几个问题也可以通过教师"搭架子"① 引导学生们"摘果子"完成。所以，师生对话的目的是一起进行归纳总结。在这个过程中，教师起到"串联"的作用，即将学生原有的知识或者经验与新知识关联起来，将知识与社会生活、方法及规律、学科/专业的思想与价值串联起来，将学生们交流、探讨、探究、思考、质疑和释疑过程中的观点串联起来，形成一个知识和价值的体系。在这个过程中，自然而然地引入思政点，引导学生认识到跨国并购是一条发展的捷径，1 + 1 > 2 的梦想，让无数企业前赴后继，但这条捷径却也充满着坎坷与荆棘，太多的企业没能完成它们最初的梦想。跨国并购带来的不仅是完美的结合，还有很多笑容过后体会到的苦涩。而 TCL 的美国故事启示我们，勇于开拓，迎难而进，不断创新，这才是企业保持青春、激发活力的不二法门。"青年在成长和奋斗中，会收获成功和喜悦，也会面临困难和压力。'雄关漫道真如铁，而今迈步从头越'，要正确对待一时的成败得失，处优而不养尊，受挫而不短志，使顺境逆境都成为人生的财富而不是人生的包袱"②。

最后，教师以一首歌作为结束。这首歌是教师多年前看的电视剧《上海一家人》的主题曲，用其向所有为了中国制造全球竞争力而努力拼搏的中国企业致敬，同时也勉励同学们："人生之路很长，前进途中，有平川也有高山，有缓流也有险滩，有丽日也有风雨，有喜悦也有哀伤。人的成长必然面对各种矛盾，要勇于面对各种困难和挫折。创造有价值的人生，离不开顽强拼搏、自强不息的精神。心中有阳光，脚下有力量，为了理想能坚持、不懈怠，才能创造无愧于时代的人生。"③

要生存，先把泪擦干；走过去，前面是个天。

---

① 俄罗斯著名心理学家维果斯基的"最近发展区"理论中讨论了有关脚手架的教学策略，这种教学策略是一类临时性结构，用来帮助学习者超越现有学习水平，更有技巧地开展相关活动。脚手架可以是资源提供，让学生接触到以前从未接触到的资源，让学生可以根据提供的相关资源，在已有知识基础上提升认识，从而形成明确结论。脚手架也可以是对学生形成知识转化的提醒，帮助它们对照、比较、归纳，在很多相似研究对象中寻找共同特点，然后，学生可以集体讨论，共同推理、决策，从而形成新的知识。脚手架也可以充当指示向导，帮助学生实现思维层次逐步提升，从而达到高阶思维。

② 习近平在中国政法大学考察 [R/OL]. 新华网，http：//www. xinhuanet. com/politics/2017 - 05/03/c_1120913310. htm.

③ 习近平. 在知识分子、劳动模范、青年代表座谈会上的讲话 [R/OL]. 新华网，http：// www. xinhuanet. com/politics/2016 - 04/30/c_1118776008. htm.

千折百转，机会一闪，细思量，没有过不去的关。
夜深路远，有苦自承担，晨风起，太阳升，看到你双肩。
总相信那一天，那一天会为我来临，
就与你再一次，再一次地欢笑同行。

四、知识拓展

（1）教学平台发布作业：一段话感悟（谈一谈今天的课堂收获）。

（2）教学平台发布讨论：中国企业走出去，如何才能行稳致远？

五、思政融入

隔堂对分教学思政融入过程如图 11 - 2 所示。

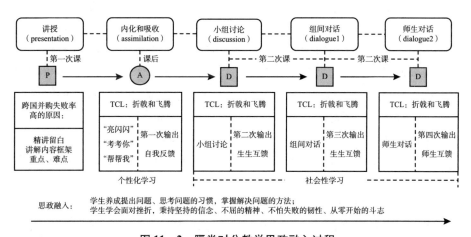

图 11 - 2　隔堂对分教学思政融入过程

苏霍姆林斯基说：教育的技巧并不在于能预见到课堂的所有细节，而在于根据当时的具体情况，巧妙地在学生不知不觉中做出相应的调整和变动①。教师应该在原有教学模式的前提下，去思考、去挖掘、去开发、去唤醒学生学习的积极性、主动性和创造性，进而更加科学、合理、高效地设计

---

① 苏霍姆林斯基. 给教师的建议［M］. 杜殿坤编译. 北京：教育科学出版社，1984.

好课堂流程，把握好课堂节奏，提高课堂效率和效果。这一次教学结合课程内容和学生的具体情况，教师对"隔堂对分"进行了调整，在具体操作上划分为"讲授→内化和吸收→小组讨论→组间对话→师生对话"五个环节。

教学过程中，学生实现了多次输出，亦获得了多次反馈。在内化吸收环节，学生根据精讲内容展开个性化学习和内化，独立完成"亮考帮"，对自己的收获和困惑进行第一次输出，完成独学过程的自我反馈；在小组讨论环节，学生以个人"亮考帮"为基础与同学进行平行讨论，在弱"位差效应"①的情景下完成第二次输出，通过互相讨论解决彼此之间的低阶困惑，并获得生生之间的多个反馈；在组间对话环节，以小组的"亮考帮"为基础展开小组间对话，通过给出解决方案、分组展示实现第三次输出，通过相互补充和相互质疑，获得又一次生生互馈；在师生对话环节，通过教师"搭架子"、学生们"摘果子"②实现第四次输出，通过教师的"串联"、师生对话进行归纳总结，获得更为高阶的师生互馈。

所以，这一次的课堂，多次输出、多次反馈，学生是学习的主体，学习是积累、表达、调整、丰富的过程，这个过程既是对学习本身的深度参与，也是持续不断感受学习价值的过程。学生由有疑而思疑，由思疑而释疑，由释疑而心怡心悟，从而逐渐养成提出问题、思考问题的习惯，掌握解决问题的方法。这种"学—疑—思—释—悟"的过程，就是学生问题意识的养成过程。同时，在多次互馈和社会性学习中，在充分的独学、交流、探究、思考、质疑和释疑的过程中，学生的创造性思维和批判性思维能力在无形中得到了提高，思维品质在不知不觉中得到了淬炼和优化，学科素养亦得到了巩固和完善。

这次"隔堂对分"教学的意义不仅仅在问题意识的养成上，对于学生的未来成长更具有重要意义。忘记在哪里看到过一句话：我们的教育尽是教人如何去博取成功，却未能教人如何去面对失败。教师提供的独学资料有TCL的折戟，亦有其之后的飞腾，TCL的全球化践行不易却持续突破，应该

---

① 沟通的位差效应是美国加利福尼亚州立大学对企业内部沟通进行研究后得出的重要成果。他们发现，来自领导层的信息只有20%～25%被下级知道并正确理解，而从下到上反馈的信息则不超过10%，平行交流的效率则可达到90%以上。进一步的研究发现，平行交流的效率之所以如此之高，是因为平行交流是一种以平等为基础的交流。

② 教师的"脚手架"何时"搭"、怎么"搭"，要根据具体的课堂情景巧妙设计，这个环节最考验教师的教学能力，极其不易。

说，对于如何正确对待矛盾、困难和挫折，TCL 交了一份比较漂亮的答卷，其中的理念和方法，都可以迁移到实际工作中去借鉴、学习。相信在 TCL 折戟和飞腾的历程里，学生们能够获得如何应对失败的真意。所以，坚持的信念、不屈的精神、不怕失败的韧性、从零开始的斗志都通过这种设计自然而然地融入专业知识的学习中，不仅让学生们了解了中国的优秀企业，也更为深刻地体会到不管是国家、企业还是个人，只有直面挑战，历经磨难，才能实现凤凰涅槃。正如习近平总书记所说：“人世间没有一帆风顺的事业。综观世界历史，任何一个国家、一个民族的发展，都会跌宕起伏甚至充满曲折……前途是光明的，道路是曲折的……我们的事业之所以伟大，就在于经历世所罕见的艰难而不断取得成功。”[1]

---

① 习近平．论中国共产党历史 [M]．北京：中央文献出版社，2021：56．

案例教学设计十二："脱水"教学法

"国家之门"

——中国企业"走出去"任重道远

专业知识点	1. 国际直接投资面临的国家风险 2. 对外投资风险巨大，要用智慧化解风险	
思政元素点	中国企业走出去，如何突破"国家之门"？	
育人目标	知识传授	1. 知晓国家风险的概念 2. 理解国家风险的不同类型
	能力培养	1. 能够判断国家风险的类型 2. 能够提出防范风险的建议措施
	价值引领	学生学会正确认识发展中的挑战和困难，坚定战胜困难、应对挑战的信心
教学设计	"脱水"教学法：记笔记→写思考→提问题→互问答→总结反馈	
知识拓展	1. 近年来，许多国家特别是发达经济体对外国投资采取更为审慎的立场。虽然各国政府都普遍认识到外资的重要性，但目前的投资便利化政策还存在偏差和缺陷。与此同时，国际贸易和投资保护主义有所抬头，国家安全考虑日益成为外资监管的重要部分，一些国家对涉及核心技术、前沿技术和重大资源领域的投资，采取更为严格、更加形式多样的限制措施。结合课堂讨论和查询资料形成研究报告，试分析可以采取哪些措施尽量弱化"国家之门"的影响 2. 拓展阅读：小米胜美案：给全球化中国企业打了个样	

一、理论概述

国家风险是指在国家经济往来活动中与参与国国家主权行为或政治因素密切相关的，会造成经济损失的风险。国家风险主要包括主权风险和政治风险两类。

（一）主权风险

主权风险指在国家经济往来活动中与参与国的国家主权行为密切相关的风险。由于主权行为是一国从本国利益出发采取的行动，不受任何外来法律的约束，对跨国投资者来说具有不可抗拒性，因此主权风险一旦发生就会给投资者带来很大的经济损失。

（二）政治风险

政治风险指由于东道国政治因素变化导致国际投资经济损失的可能性，其发生一般比较突然，使跨国投资者难以预测或防范。政治风险又可继续细分为四种：国有化风险、东道国政策与法律所产生的风险、转移风险和战争风险。

国有化风险指东道国政府在一定补偿条件下或者在无补偿条件下对跨国投资者的财产进行强制没收、征用或国有化，而使其遭受经济损失的可能性。其中，征用指东道国政府按市场价值的一定比例予以补偿，但仅为部分补偿；国有化则指逐渐征用并取得控制权，最终使其变为国有资产。

东道国政策与法律所产生的风险指东道国政府在土地、税收、产业政策、行业规划等方面调整或变更国家政策和相关法规，从而影响跨国投资者的经营和收益并造成其经济损失的可能性。

转移风险也称汇兑限制风险，指东道国政府由于国际收支困难或其他原因实行外汇管制政策或对投资者实施歧视性行为，限制甚至禁止其将经营所得以及其他合法收入汇回本国或汇往投资者认为安全的第三国，从而给投资者造成经济损失的可能性。例如，有些东道国为了获得外资，会在吸引外资进入的同时，规定跨国公司必须将一定比例经营收入留在东道国国内进行再投资，而不允许其将所有的经营所得和股权转让等全部转移回母国。

战争风险是指投资者由于东道国国内阶级矛盾、派系斗争、宗教冲突等导致的境内局势动荡甚至爆发内乱和战争而利益受损的可能性。战争风险比起其他风险损失程度更大，甚至危及投资者的人身安全。

二、问题导入

课程伊始，通过一则新闻《商务部：反对有关国家以"国家安全"为由，对外国投资设"玻璃门""弹簧门"》①引出问题："在对外直接投资迅速增长的同时，中国企业海外投资面临的外部风险也在显著提升，那么，中国企业还要不要继续走出去？"并在教学平台发起投票，投票之后，观看视频。

> ### 商务部：反对有关国家以"国家安全"为由
> ### 对外国投资设"玻璃门""弹簧门"
>
> 据新华社北京1月11日电，商务部新闻发言人高峰11日回应了蚂蚁金服日前收购美国速汇金失败事件。他对以"国家安全"为由对外国投资设置"玻璃门""弹簧门"的倾向表示担忧，并希望有关国家为中国投资者创造公平、公正、公开、可预期的投资环境。今年1月初，美国的外国在美投资委员会以国家安全为由否决了中国数字支付公司蚂蚁金服收购美国汇款公司速汇金国际的交易。
>
> 高峰在当日召开的商务部新闻发布会上表示，很遗憾地看到，有关中国企业在美开展的正常商业性投资并购，再次因为所谓的"国家安全"的原因受阻。我们鼓励中国企业合理合法"走出去"，开展投资并购业务，这既是企业自身国际化发展的需要，也完全是市场经济规律使然。事实上，美国政府多次表示，将积极吸引外国对美投资，并且主动开展相关工作，包括中国企业在内的许多企业也都表现出了兴趣。但中国企业却在赴美投资上一再受阻。

---

① 商务部：反对有关国家以"国家安全"为由对外国投资设障碍［R/OL］．中华人民共和国中央人民政府网，http://www.gov.cn/xinwen/2018-01-11/content_5255714.htm.

> 　　高峰强调说，我们不反对有关国家对外国投资开展正常的安全审查，但是我们对以"国家安全"为由对外国投资设置"玻璃门""弹簧门"的倾向表示担忧。希望有关国家能够采取切实的行动，为包括中国企业在内的各国投资者创造公平、公正、公开、可预期的投资环境。
>
> 　　同时，针对近期美国电话电报公司 AT&T 撤销在美销售华为手机的行为，高峰表示，近期美国国内贸易保护主义的声音有所抬头，甚至有时会占到上风。他强调，中方坚决反对任何形式的贸易投资保护主义。希望美方能为两国企业的合作营造更加开放、透明、便利的环境，共同推动中美经贸关系长期健康稳定的发展。

三、案例分析

　　这一节的课堂教学首先通过一则新闻引出问题，之后利用媒体，导入情境，采用"脱水"学习法①进行学习。"脱水"学习其实就是要求学生在学习时输出的方法，即把理性的内容从感性的形式（如视频、案例等）中"脱水"出来，通过深入思考，真正形成属于自己的认知。那么如何才能实现"脱水"呢？具体环节是：记笔记→写思考→提问题→互问答→总结反馈。

（一）记笔记

　　"人内心有一种根深蒂固的需要——总感到自己是一个发现者、研究者、探寻者。"② 所以，这一环节首先播放视频——央视大型纪录片《跨国并购》第一集《国家之门》③，让同学们自己在视频里汲取信息、发现问题

---

　　① "脱水"学习法的思路借鉴了微信公众号"教育技术应用实践"的一篇推文：《"脱水"学习法》，作者：崔佳，https: //mp. weixin. qq. com/s？ __biz = MzIwODQzMzE4OA = = &mid = 2247488051& idx = 1&sn = 1744f6ab86f470ef783c6dfa6c4f6c6c&chksm = 97026b78a075e26edd6190bbc82b7d35f9ea34d 63a6f347c2ecf3218aadc2a51d128ceb1e1d9&mpshare = 1&scene = 23&srcid = 09150LTa5OyCJSiiE0XWil xa&sharer_sharetime = 1631839186940&sharer_shareid = b1e8a31684a7be09499be85122d74b02#rd。

　　② 苏霍姆林斯基. 给教师的建议［M］. 杜殿坤编译. 北京：教育科学出版社，1984：58。

　　③ 视频地址：https: //tv. cctv. com/2017/08/21/VIDEpL7XOVlUwn4JBBhVuG4C170821. shtml？ spm = C55924871139. PT8hUEEDkoTi. 0. 0。

并探寻答案。同时，发放个人记录思考任务单（详见附录8）。

（二）写思考

观看视频之后，给大家5分钟时间，整理笔记，梳理思路，分析逻辑，结合视频内容在任务单里写下自己的所思所想。之所以安排这个环节，是因为之前的课程调研反馈发现，相较于枯燥的理论知识学习而言，将专题片和案例作为基础理论逻辑的载体更容易让人印象深刻，并加深理解。

（三）提问题

问题是将我们引向深度学习的起点。一位优秀的深度学习者，必定是一个优秀的提问者，所以，发现和提出好的问题，是解决问题的第一步，且"提问"本身往往已蕴含了对解决思路的探索，切中要害的问题，必然基于对所了解、掌握内容的深刻理解。主动学习者，就是能不断向自己提出问题，又能不断去解决问题的人。所以，在写出思考之后，要求每位同学至少提出3个问题。

（四）互问答

这一环节要求根据第3环节提出的问题，互问互答，发放小组讨论工作单。互问答的设计既要通过问题梳理逻辑，又要通过问题与其他人交流，在了解其他人看法的同时，通过问题探索自己尚未了解的盲区。

（五）小组代表发言，教师总结反馈

偏见、误解、利益之争、政治分歧……一道道"国家之门"矗立，一些国家将其与中国的经贸分歧描述为所谓"价值观冲突"，将国企非中性、补贴、劳工标准等问题都和价值观相联系，以"道德高地"的角度对中国进行规则锁定和竞争力限制。这将是长期的挑战。但从历史到今天，我们也看到，在现行的国际游戏规则中，中国企业仍有维护自身合法权益的空间和路径。中国企业走出去，要学会和媒体打交道，向他们介绍真实的中国，消除媒体的误解；要在收购公司所在国找到帮手，善于借助专业的律师事务所和公关公司进行政府公关和游说；要用国际化思维来看问题和解决问题，可以"以其人之道还治其人之身"，在哪个国家发生的问题，就以哪个国家的方式去处理……

正如习近平总书记所说，"让世界经济的大海退回到一个一个孤立的小湖泊、小河流，是不可能的，也是不符合历史潮流的"①。目前中国企业"走出去"面临的形势，和加入 WTO 时完全不一样。过去，我们开启"两个市场、两种资源"②，某种程度上是对全球化的回应，如今中国企业无论到海外建厂、投资并购，还是搞品牌合作、购买专利，更多是主动拥抱全球化。从长远来看，经济全球化的总体趋势并没有变。无论潮流如何，对中国企业而言，一切才刚刚开始，"走出去"仍是大势所趋，不用犹豫。

四、知识拓展

（1）近年来，许多国家特别是发达经济体对外国投资采取更为审慎的立场。虽然各国政府都普遍认识到外资的重要性，但目前的投资便利化政策还存在偏差和缺陷。与此同时，国际贸易和投资保护主义有所抬头，国家安全考虑日益成为外资监管的重要部分，一些国家对涉及核心技术、前沿技术和重大资源领域的投资，采取更为严格、更加形式多样的限制措施。结合课堂讨论和查询资料形成研究报告③，试分析可以采取哪些措施尽量弱化"国家之门"的影响。

（2）拓展阅读：小米胜美案：给全球化中国企业打了个样④。

五、思政融入

"脱水"学习法思政融入过程如图 12 - 1 所示。

---

① 习近平. 共担时代责任共促全球发展——在世界经济论坛 2017 年年会开幕式上的主旨演讲［R/OL］. 新华社，http：//www. xinhuanet. com/world/2017 - 01/18/c_1120331545. htm.

② "两个市场、两种资源"指国内国际两个市场、国内资源和国外资源两种资源。

③ 研究报告要求格式规范，采用课程论文专用模板。具体评议方法：报告完成后小组内两两交叉交换研究报告，同伴阅读文章，根据教师的评价量规，撰写三段回应的话：第一段简要阐述该文章的优点，第二段讨论该文章的问题，第三段描述"如果这是我的文章，我会注意修改哪些方面"。

④ 小米胜美案：给全球化中国企业打了个样［R/OL］. 腾讯新闻，https：//new. qq. com/omn/20210528/20210528A01GRM00. html.

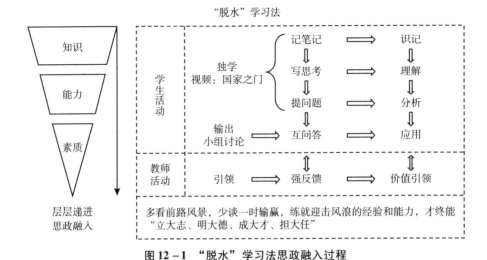

图 12 - 1 "脱水"学习法思政融入过程

　　受新冠肺炎疫情冲击、贸易保护主义抬头等因素影响，国际经贸投资领域形势多变、地缘政治风险上升，那么，中国企业还要不要"走出去"？视频之前，教师提出了这个问题，讨论之后，同学们给出了答案：无论从自身成长还是全球化走势看，中国企业还是需要稳步"走出去"。并且，通过"脱水"学习法的教学设计，同学们自己提出并解答了很多问题，例如什么是"国家之门"？"国家之门"因何矗立？可以采取哪些方式来突破"国家之门"？今后，如何行稳致远，更稳妥地"走出去"？在学习和讨论过程中同学们还给出了很多建议，有的同学建议中国企业增强在产业链上的横向联系，抱团出海，有的同学提议我们可以去"一带一路"沿线国家投资带动当地经济发展，还有……

　　通过讨论，同学们认识到中国企业扬帆出海，需要慢慢练就迎击风浪的经验和能力。中国企业不可能总在风平浪静时"走出去"，注定只能在一次次的弄潮中成长，在深海里练就游泳能力，"沧海横流，方显出英雄本色"①。经过近 40 余年的改革开放，中国形成了日益成熟的市场机制、稳定的投资环境，这不仅为境外企业到中国投资提供了机遇，也为中国企业"走出去"奠定了稳定的大后方。在中国经济转型升级之际，中国企业抓住

---

　　① 出自郭沫若的《满江红·沧海横流》。意为严峻复杂的形势，恰能显示出英雄人物的本来面貌，展现出他们的非凡举动、英雄作为。

时机走向国际舞台，在硬碰硬、真较量中不断完善自我，形成更合理的布局，才能打开一片新天地，找到发展新动能。

"我们这么一个大国、这么一个大党，期望没有困难和问题那是天真，关键是怎么看、怎么办。办法总比困难多。发展中的困难要靠发展来克服，前进中的问题要在前进中解决。"① 在中国企业走向全球化的过程中，"国家之门"都将如影随形。通过这一节的学习，学生们深刻体悟到中国企业只有自强、勇敢、智慧，遵守规则并善用规则，才能步步为营，赢在未来。

每一个学生在成长过程中，同样也会遇到问题和困难，面对问题和困难，又该怎么办？同学们给出了答案：要不忘初心，练就迎击风浪的经验和能力。多看前路风景，少谈一时输赢，才终能"立大志、明大德、成大才、担大任"②。

---

① 钟轩理. 自信的中国永远在这儿 [N]. 人民日报, 2021 - 09 - 16.
② 立大志、明大德、成大才、担大任——习近平寄语广大青年 [R/OL]. 人民网, http://
politics. people. com. cn/GB/n1/2021/0428/c1001 - 32090015. html? ivk_sa = 1023197a.

案例教学设计十三：拼图教学法

"法与时转则治，治与世宜则有功"①

——从"外资三法"到《中华人民共和国外商投资法》

专业知识点	1. 外国投资法的概念 2. 外国投资法的体系		
思政元素点	2019 年 3 月 15 日，十三届全国人大二次会议表决通过《中华人民共和国外商投资法》，取代"外资三法"成为中国外商投资领域新的基础性法律		
育人目标	知识传授	1. 知晓外国投资法的概念 2. 区辨外国投资法的体系	
	能力培养	1. 通过拼图教学，学生能够独立思考、自主学习，深度参与教学活动 2. 通过撰写五问反思报告，学生能够形成稳定的个人反思习惯和更好的沟通交流能力	
	价值引领	1. 学生切实体悟到"法治护航"的战略作用 2. 学生深刻认识到"法与时转则治，治与世宜则有功"，既要坚持过去行之有效的制度和规定，也要结合新的时代特点与时俱进，拿出新的办法和规定。只有这样，才能持续推进国家治理体系和治理能力现代化，才能为更高水平的对外开放奠定更坚实的法治根基	
教学设计	拼图教学法：问题导入→任务分解→"专家组"讨论→"专家"讲授→五问反思报告		
知识拓展	1. 教学平台发布讨论：法律、条例、工作方案的通过前都有征求意见的环节，你作为国际投资领域的专业人员，如果有一天能参与其中，会怎样建言献策？ 2. 撰写五问反思报告，通过教学平台提交		

---

① 出自《韩非子·五蠹》。强调法度应随时顺应变化而变化，国家才能治理得好；治理方式与社会实际相适应，才能取得成效。

一、理论概述

（一）外国投资法的概念

外国投资法是指资本输入国制定的关于调整外国私人直接投资关系的法律规范的总称。各国法律的规定不尽一致，但主要包括关于外国投资的范围、形式、条件，投资者的权利和义务，以及对外资的保护、鼓励和管制等方面的内容。

（二）外国投资法的体系

第一，制定比较系统的、统一的外国投资法或投资法典，作为调整外国投资的基本法律，并辅之以其他有关的可适用于外国投资的法律。

第二，没有统一的外资法，而是制定一个或几个关于外国投资的专门法律或特别法规、法令，由此构成关于外国投资的基本法或法群，辅之适用其他相关法律。

第三，未制定关于外国投资的基本法，而是通过一般国内法律、法规来调整外国投资关系及其活动。

二、问题导入

通过新华社的一则新闻《中国通过外商投资法》[①] 引出问题，引发学生思考，并依据拼图教学法展开教学。

> ### 中国通过外商投资法
>
> 中国最高国家权力机关 15 日高票通过外商投资法，这是中国第一部外商投资领域统一的基础性法律。这部法律对外商投资的准入、促进、保护、管理等方面做出了统一规定。该法于 2020 年 1 月 1 日起施

[①] 节选自柳新勇，张钟凯，郑欣. 中国通过外商投资法 ［R/OL］. 新华社，https：//baijia-hao. baidu. com/s？id＝1628049701975575152&wfr＝spider&for＝pc.

行。根据这部法律，国家对外商投资实行准入前国民待遇加负面清单管理制度；外商投资企业依法平等适用国家支持企业发展的各项政策；国家保障外商投资企业依法平等参与标准制定工作；国家保障外商投资企业依法通过公平竞争参与政府采购活动；国家保护外国投资者和外商投资企业的知识产权。

通过制定和实施外商投资法，中国将进一步落实依法治国的要求，更好保护外商投资合法权益，营造法治化、国际化、便利化营商环境，以高水平对外开放推动经济高质量发展，也充分彰显了进一步扩大对外开放、积极促进外商投资的决心和信心。

新法施行后，改革开放初期制定的"外资三法"将正式退出历史舞台。"外资三法"对中国引进外资发挥了重要作用。截至2018年底，中国累计设立外商投资企业约96万家，累计实际使用外资超过2.1万亿美元。1992年以来，中国实际使用外资连续27年位居发展中国家首位。时过境迁，"外资三法"已难以适应中国构建开放型经济新体制以及推动形成全面开放新格局的需要，统一的外资基础性法律应运而生。

三、案例分析

（一）拼图教学法简介

拼图教学法（Jigsaw）[1] 是一种将完整的教学任务分解成几部分，然后再将它们重新拼接成整体的教学方法。拼图教学法本质上是一种合作式学习方法，最初产生于20世纪70年代的美国小学课堂，由美国著名教育家和社会学家埃利奥特·阿伦森（Elliot Aronson）[2] 的团队提出。随着这种学习方法的推广，越来越多的学者根据实际的教学需求对其进行了改造，形成了阿

---

[1]　拼图教学法来源于一种人们喜闻乐见的游戏——七巧板，在国内该方法经常被翻译成"切块拼接式学习方法""拼图式学习方法""拆拼法"，或者直接采用英文名"Jigsaw模式"，本文采用拼图教学法这一翻译形式。详见其官方网站：https：//www.jigsaw.org/。

[2]　Aronson E，Blanes N. The Jigsaw Classroom［M］. Columbus：Ohio State University Press，1978.

伦森教授拼图教学法一代（Jigsaw Ⅰ）、斯莱文教授（Robert Slavin）拼图教学法二代（Jigsaw Ⅱ）①、斯戴尔教授拼图教学法三代（Jigsaw Ⅲ）以及霍利迪博士拼图教学法四代（Jigsaw Ⅳ）②。这一教学方法经过长期的实践，已形成了相对稳定的操作步骤和流程，具体包括以下几个步骤：首先，将所有学习成员分成若干小组，同时将完整的任务分割成若干部分，安排每个学习成员掌握其中的一部分；其次，将分在不同小组中的学习同一部分任务的成员集中到一个新的小组，组成若干"专家组"，充分讨论同一部分内容；再次，全部成员回到原小组分别将自己负责的部分向组内其他成员讲解直至所有成员全部掌握（见图13 –1）；最后进行效果检验。

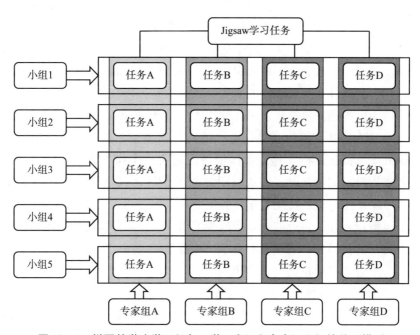

图13 –1　拼图教学法学习任务、学习小组和专家组之间的关系模型

①　Ghaith G M, Bouzeineddine A R. Relationship between Reading Attitudes, Achievement, and Learners: Perceptions of Their Jigsaw Ⅱ Cooperative Learning Experience [J]. Reading Psychology, 2003 (24): 105 – 121.

②　Holliday D C. The Development of Jigsaw Ⅳ in a Secondary Social Studies Classroom [J]. Academic achievement, 2000.

（二）教学过程

拼图教学法更多关注学生对于确定性知识的学习，而现在的教育理念更提倡在情境中探究学习，所以这一次的教学设计采取了"隔堂拼图"的形式，并结合课程内容和课程目标进行了调整。

1. 任务分解

教育部 2014 年印发的《关于全面深化课程改革落实立德树人根本任务的意见》① 中要求"提高学生综合运用知识解决实际问题的能力"。实际问题具有复杂性和开放性的特点，所以，在分析和解决问题的过程中，要引导学生逐步学会分解问题，学会将一个复杂的问题分解为几个简单的问题。分解问题的过程，实质上也是逐步梳理逻辑和思维的过程，这不仅是一种学习习惯，也是学生将来独立从事科学研究所必需的能力。

前次课引入新闻之后，教师引导学生一起将本次课的教学任务分为四个问题：一是我国外商投资法律的演变沿革；二是为什么说"外资三法"② 已难以适应中国构建开放型经济新体制以及推动形成全面开放新格局的需要；三是《中华人民共和国外商投资法》的特色与创新之处；四是《中华人民共和国外商投资法》的实施对我国经济发展将产生何种影响。要求课后同学们收集资料、阅读文献，完成拼图教学任务单（详见附录 7），准备下次课开展专家小组讨论。拼图教学任务单要求学生针对自己的任务归纳提取至少 2 个讲解点和 2 个讨论点，并清晰展示出来。仔细分析课后学生们通过教学平台提交的任务单，发现有些同学不仅提取出"一二三四"，而且还超常发挥，有了更多高质量的"五六七八"。

2. "专家组"讨论

分布式认知理论③认为，知识存在于学习者所处的合作团体中，团体中的每个学习者都有自己的经验世界，不同学习者的认知结构、认知能力、认知方式存在差异，对某个问题可以形成不同的假设和推论，而他们通过相互

---

① 中华人民共和国教育部. 教育部关于全面深化课程改革落实立德树人根本任务的意见 [EB/OL]. http://www.moe.gov.cn/srcsite/A26/jcj_kcjcgh/201404/t20140408_167226.html.

② 《中华人民共和国中外合资经营企业法》《中华人民共和国外资企业法》《中华人民共和国中外合作经营企业法》统称"外资三法"。

③ 贝尔等. 分布式认知：特征与设计 [A]//乔纳森主编. 学习环境的理论基础. 郑太年等译. 上海：华东师范大学出版社，2002：122.

展示资料、相互沟通和交流、相互争辩和讨论，合作完成一定的学习任务，共同解决问题，进而形成更丰富、更灵活、更全面、更深入的理解，成为这一问题的"专家"。在这个过程中，学习是学生与学生的共同活动，活动的目的不仅是学会知识与技能，也是要在学习共同体内部建立沟通交流、交往合作的关系。

后一次课组织"专家组"根据拼图教学任务单进行讨论。在讨论过程中，教师在各小组间不断巡视，了解学情。这次的教学，"专家"们准备的资料很细致、很全面。有的学生绘制了1979年以来我国外商投资法律的演变沿革图（见图13-2），发现历史总是在巧合中显得意味深长：1979年，五届全国人大二次会议召开，我国第一部外资领域的法律——《中华人民共和国中外合资经营企业法》诞生，与随后出台的《中华人民共和国中外合作经营企业法》和《中华人民共和国外资企业法》组成"外资三法"，奠定了我国吸收外资的法律基础；2019年，十三届全国人大二次会议上，《中华人民共和国外商投资法》通过，成为新时代我国外商投资领域新的基础性法律……有的学生从外商投资者的角度，从企业的治理结构、资本结构、下游投资及外商投资的转变四个方面阐述了《中华人民共和国外商投资法》的实施对外商投资者在中国投资意味着什么……还有的学生利用数据资料进

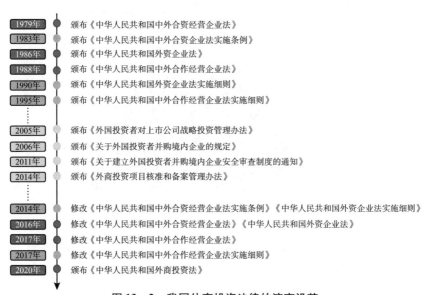

图13-2 我国外商投资法律的演变沿革

资料来源：学生绘制。

一步验证了其他同学提出的问题：《中华人民共和国外商投资法》的实施是否使外资企业在中国投资迎来"第二个春天"？……

3. "专家"讲授

学习金字塔理论①认为不同学习方式导致不同的学习效果，听讲、阅读、视听与演示四种学习方式属于被动学习，学习内容平均留存率分别是5%、10%、20%与30%，而讨论、实践与教授给他人这三种学习方式属于主动学习，学习内容平均留存率分别是50%、75%、90%（见图13-3）②，所以，最好的学，就是让学生教授给他人。"专家组"讨论之后，每一位"专家"都身负重担，不仅要成为一名专业的"专家"，还要成为一名优秀的"教师"。只有经过前期有效学习、认真梳理总结、深度参与讨论，才能真正胜任这个环节的讲授任务。在这个环节，每一位"专家"都想获得同伴的认可，每一位"专家"都存在同伴压力，而同伴认可对学生学习行为提供正向激励，同伴压力会对学生学习行为提供纠偏信号，通过这样的设计，学生就可以获得提升学习能力的自驱力③。

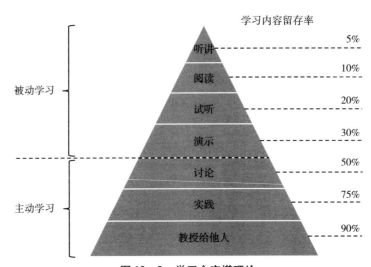

图13-3　学习金字塔理论

①　Sousa D A. How the Brain Learns [M]. Thousand Oaks：Corwin Publishers, 2016.
②　姜艳玲，徐彤. 学习成效金字塔理论在翻转课堂中的应用与实践 [J]. 中国电化教育，2014（7）：133-138.
③　自驱力就是发自内心想要完成某事的力量。这里是指学生对同伴认可、自我实现的需要驱动学生积极、主动地学习，以争取最大的成功。

4. 五问反思报告

传统拼图教学法的效果检验以成绩测验为主，但无论小组总评分还是个人提高分均无法充分反馈学习者在学习过程中的行为表现，所以，这一次的教学效果检测采用了撰写五问反思报告（详见附录9）的形式。

五问反思报告①是南京工业大学张淑娟教师首创的学业测评方式，具体操作是要求学生们在课程结束后回答五个问题：（1）我学到了哪个知识点？（2）我之前是怎样想的？（3）我之前的想法怎么样？（4）我应该怎样想才对？（5）我如何才能用上它？第1问的答案是继承性学习，第2问的答案是对比性思考，第3问则提出了反思性认知的要求。通过思考和回答这三个问题，学生可以了解自身知识的欠缺，产生学习兴趣。第4问是探索性整合，表明了对学生深层认知和思辨的期待，为学生的努力提供了方向，促使学生增加认知投入。第5问则对学生的创新性应用提出了要求，因为掌握知识点不是目的，真正决定学生知识运用水平的，是他们如何将其所知付诸实践。这样，从继承性学习、对比性思考到反思性认知、探索性整合，再到创新性应用，学生对课程内容进行了多次梳理和重构（见图13-4）。

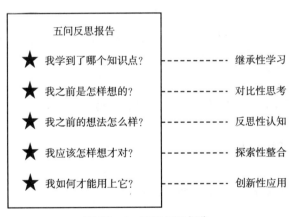

图13-4 五问反思报告

---

① 关于五问反思报告的介绍参考以下资料：跟作业"较上了劲"？听说17所高校的31门课都这么做了！[EB/OL]. 澎湃新闻，https://www.thepaper.cn/newsDetail_forward_5537040；温才妃，朱琳. 痛苦的学习经历倒逼我学会学习——张淑娟和她的"五问反思报告"[N/OL]. 中国科学报，http://news.sciencenet.cn/sbhtmlnews/2020/1/352805.shtm.

教师明确撰写要求和进行撰写示范之后，要求学生课后通过教学平台提交五问反思报告。分析学生们提交的报告，可以发现回答主要集中在以下几个方面：（1）对自身学习方法的反思和改进。如有学生提出"主动学习成为这次课堂的主旋律，在教师的引导和同学的带动下，我的自主学习能力提升，从课堂中获得更多""能够感受到老师通过这样的教学方法引领我们独立思考、自主学习的用意"等。（2）结合案例提出自己的见解。例如，结合我国对外开放的实践，指出"改革开放40年，也是中国经济在法治护航下高速发展的40年""《中华人民共和国外商投资法》为更高水平开放奠定了更坚实的法治根基"等。（3）还有的学生进行了更为深入的思考，谈到了课程学习对自己的意义。例如，有的同学关注了"变"字，认为"法要应时而立，应时而变。只有随时代、社会变化而变化，才能取得长治久安的效果"。那么企业应该怎么办？个人应该怎么办？这位同学进一步指出"明者因时而变，知者随事而制"①，只有准确识变、科学应变、主动谋变，才能更加有力地推动工作、学习往深处走，往实里干。

四、知识拓展

（1）教学平台发布讨论：法律、条例、工作方案通过前都有征求意见的环节，你作为国际投资领域的专业人员，如果有一天能参与其中，会怎样建言献策？②

（2）撰写五问反思报告，通过教学平台提交。

五、思政融入

拼图教学法思政融入过程如图13-5所示。

---

① 出自汉代桓宽《盐铁论》卷二之《忧边第十二篇》。释义：聪明的人（往往会）根据时期的不同而改变（自己的策略和方法），有大智慧的人（会）伴随着事物（发展方向）的不同而制定（相应）的管理方法。

② 作业设置的目的是让同学们有更多的"代入感"，不止步于树立"法治意识"，还应树立"责任意识""主人翁意识"。这种"主人翁意识"树立得非常成功，一个显而易见的事实是，学生在"两会"期间，主动关注国家立法发力点，在学习专业知识的同时，学会了在学生、工作者、社会人的身份中切换，不断完善自己看待世界、思考问题的方式。

教师的任务　　　　　　　　　　　　　　　　学生的任务

任务分解→专家组讨论

优化设计　　　　　　　　　　　　　　　　　自主学习
任务分解　　　拼图　　　　　　　　　　　　深度学习
倾听反馈　　　教学　　　　　　　　　　　　建构认知
　　　　　　　法

激发学习动机　　　　　　　　　　　　　　　学习力、思维力
唤起求知欲望　　专家讲授→五问反思报告　　合作力、表达力

"法与时转则治，治与世宜则有功"，持续推进国家治理体系和治理能力现代化

协同互助，和谐共济，推动社会理性发展

图 13 - 5　拼图教学法思政融入过程

"未来社会的文盲，将不是没有掌握一定知识的人，而是那些不会学习的人。"① 回顾拼图教学法的整个过程，我们可以发现，学生全程都在主动学习，主动收集资料，主动阅读文献，主动参与讨论、和"专家"同伴一起探究，主动讲授给其他组员、和其他组员沟通交流……每个组员都有任务在身，一边要学习，一边要当老师，所以都主动地深度参与教学过程的每一个环节。课后作业五问反思报告的完成，也是一个主动思考的过程，通过这种方式，学生们进行梳理归纳、反刍总结。同时在教学的过程中，学生获得了多次反馈，拼图教学任务单的自我反馈、"专家组"讨论的"专家"间互馈、讲授环节的生生互馈、五问反思报告的自我反馈和教师反馈，这些反馈引导学生自然有序、逐步渐进地步入高阶学习，有效促成深度学习和自主学习的自然发生。

那么，教师的作用在哪里？提前设计任务，引导学生进行任务分解，专家组讨论和讲授环节中的倾听，五问反思报告的撰写示范以及报告提交之后的即时反馈……正如现代教育理论认为，教师的真正作用，不在于讲授知识，而在于激发学生的学习动机，唤起学生的求知欲望，通过合理、恰到好处的教学设计让学生兴趣盎然、高效地参与到教学全过程中来，经过自己的

① 联合国教科文组织国际教育发展委员会．学会生存——教育世界的今天和明天［M］．北京：教育科学出版社，2017.

思维活动和动手操作获得知识。相信学生们的学习兴趣被激发之后，会利用各种方式，如读书、看视频、浏览网页等，继续关注和探究这部分内容。这种"我要学"的主动学习才是最优质、最有效率的学习。

所以，拼图课堂里的教学，是一个师生共同进步的过程：把自主学习、深度参与、建构认知的任务交给学生，而如何优化教学设计以帮助学生提升学习效果，借此培养其学习力、思维力、合作力、表达力并实现价值引领的任务则由老师来完成。在这样的过程中，学生不仅意识到独立思考、自主学习的意义，体会到法治护航的战略作用，还深刻认识到"'法与时转则治，治与世宜则有功'……既要坚持过去行之有效的制度和规定，也要结合新的时代特点与时俱进，拿出新的办法和规定。"①，只有这样，才能持续推进国家治理体系和治理能力现代化，才能为更高水平的对外开放奠定更坚实的法治根基。

回头去看，不管是"隔堂对分"、"脱水"学习，还是"拼图教学"，对于学生未来的长期发展都具有重要意义。当独学、讨论、激辩的教学过程被连续、长期实施后，学生反复进行反思和评价等行为，将有助于他们逐渐形成稳定的个人反思习惯和更好的沟通交流能力，在个人素养得到更好锻炼和培养的同时，也可优化个人与社会群体的相处方法，不断健全和发展个人独立人格，从而在未来能够与他人一起平等前行、和谐共济，以应对未来的挑战，推动社会理性发展。

---

① 习近平关于《关于新形势下党内政治生活的若干准则》和《中国共产党党内监督条例》的说明［R/OL］. 人民网，http://cpc. people. com. cn/n1/2016/1102/c64094 – 28829702. html.

案例教学设计十四："翻转课堂"教学

"轻关易道，通商宽农"①
——RCEP 为全球经贸治理体系提供新路径

专业知识点	1. 双边投资协定 2. 区域性多边投资协定 3. 国际投资协定对国际直接投资的影响		
思政元素点	RCEP 对全球经济治理的影响		
育人目标	知识传授	1. 知晓双边投资协定的概念和类型 2. 了解区域性多边投资规范 3. 理解国际投资协定对国际直接投资的影响	
	能力培养	具备分析与解决国际投资所涉法律问题的能力	
	价值引领	1. 学生秉持求同存异的合作理念 2. 学生秉持"人类命运共同体"理念，认识到个人的成长成才，须与国家和民族的发展同向而行，与中国特色社会主义事业同频共振，将"青春梦"与"中国梦""世界梦"紧密相连，服务于国家"一带一路"倡议和共建人类命运共同体	
教学设计	"翻转课堂"教学：问题导入→任务分解→隔堂小组展示→提问回答→收获车轮战		
知识拓展	1. 访问 UNCTAD 投资政策中心国际投资协定数据库，了解中国目前缔结的国际投资协定的情况：https://investmentpolicy.unctad.org/international-investment-agreements 2. 教学平台发布作业：将今天课堂的收获形成文字，详述 RCEP 的顺利签署对全球治理的意义 3. 教学平台发布讨论：作为国内法的《中华人民共和国外商投资法》如何与中国与其他国家（地区）签订的 BIT 或 FTA 等国际协定保持协调以更好地为外商来华投资提供必要的法律保障和法律支持？		

---

① 出自《国语·晋语四》。"轻关"即轻关税，减少通关税收；"易道"即除盗匪，整饬交通道路；"通商"即促贸易，互通有无；"宽农"即放宽农政。从现在的角度看，"轻关"即构建更公平、更有利于促进全球贸易开展的关税体系；"易道"就是消除贸易壁垒，反对贸易保护主义；"通商"是巩固多边贸易体制，构建更加自由开放的国际市场；"宽农"则是呼吁准确判断全球经济发展趋势，选择更正确的政策来应对，共同营造更大市场和空间，重振贸易和投资这两大引擎。

一、理论概述

国际直接投资是经济全球化的重要支柱之一。与国际贸易不同，调节国际投资的全球性协议至今并不存在，双边投资协定和区域性多边投资规范成为国家间进行投资治理的主要形式。

（一）双边投资协定

双边投资协定（bilateral investment treaty，BIT）是指资本输出国与资本输入国之间签订的，以促进、鼓励、保护或保证国际私人投资为目的，并约定双方权利与义务关系的书面协议。这是目前各国间保护私人外国投资普遍行之有效的重要手段，被视为有关国家投资环境的重要标志之一。

双边投资协定主要包括友好通商航海条约、双边投资保证协定及双边促进和保护投资协定。

二战以前的双边投资条约通常为友好通商航海条约，它确认缔约国之间的友好关系，双方对于国民前来从事商业活动应给予应有的保障，如给予航海上的自由权等。因此，这类条约主要是协调两国间的商务交往关系，其重点是保护资本输出国的商人，而不是资本输出国的所有实业投资者，内容相对泛泛。

双边投资保证协议最早由美国发起，其目的是让缔约国正式确认美国国内的承保机构在有关的政治风险事故发生并依约向投保的海外投资者理赔后，享有海外投资者向东道国政府索赔的代位权和其他相关权利。除此之外，这类协议还规定了双方政府因索赔问题发生纠纷时的处理程序。此后，其他国家也效仿美国签订了许多类似协定。

自20世纪60年代开始，一些发达国家制定了关于对外投资的保护、投资保险、代位求偿及争端解决等方面的促进和保护投资协定。与上述两种双边协议相比，此类协定比较具体、实用、程序化，能够对资本输出国的海外投资提供有效保护；与多边投资条约相比，此类协定更为灵活、富有弹性，能在某些重要领域顾及签署双方各自的特殊利益，更容易谋求多国间特殊利益的平衡。

（二）区域性多边投资规范

区域性多边投资规范是指由区域经济合作组织或区域经济联盟各成员政府共同签署的投资条约，旨在解决区域与区域之间、区域内的国家之间关于外国投资的保护问题。

（三）国际投资协定对国际直接投资的影响①

一是投资保护作用。国际投资协定有助于降低跨境投资的政治风险，促进签署国的对外投资和引进外资。FDI 可能面临较大的政治风险。与其他间接投资相比，FDI 面临时间不一致问题更为严重：投资前，东道国政府承诺未来不会没收资产；但随着外国投资者投资增加，沉没成本越来越高；由于未签署 BIT，因此东道国政府认为外国投资者缺乏法律和其他救济手段，可能在事后放弃其曾经做出的承诺，用各种方法征收外国投资者的资产。在未签署 BIT 的情况下，投资者投资的政治风险会较高，东道国政府未来行为带有较大的不确定性，因此其投资决策会更为保守和谨慎。

二是投资自由化作用。国际投资协定通过投资自由化条款内容，提高签署国市场开放度，增加外国投资者投资机会，提高 FDI 流量。

三是改善东道国投资环境。国际投资协定有助于弥补东道国特别是发展中国家国内制度缺陷，提高政策透明度、可预期程度以及稳定性，改善投资环境，促进 FDI 流入流出。

二、问题导入

经过一个学期的学习，同学们独立学习、自主思考的能力提升，所以，这一次的案例教学进行了课堂的翻转，把课堂交给学生，由学生自己讲，自己评，自己谈收获。具体环节是：问题导入→任务分解→隔堂小组展示→提问回答→收获车轮战。

首先，通过央视新闻频道的一段短视频《区域全面经济伙伴关系协定》② 引入。通过播放短视频，同学们简要了解了《区域全面经济伙伴关系

---

① 赵蓓文等. 国际投资学国际理论前沿 ［M］. 上海：上海社会科学院出版社，2017：123.

② 视频地址：https：//v. qq. com/x/page/d320443v257. html。

协定》（RCEP）的签订时间、协定成员等概要信息。观看视频之后，教师根据本节教学目标，将课堂任务分解为四部分：（1）RCEP 基本情况介绍；（2）RCEP 投资章节解读；（3）RCEP 与全球治理；（4）如何用好 RCEP 红利。根据任务分解，将学生对应分成四组，对每个小组成员进行编号（如每组六位同学，就是 1～6 号），要求学生主动进行拓展资料的收集、结构化整理和明晰化讲解，进而锻炼学生的觉察力、拓展力。

三、案例分析①

（一）隔堂小组展示

小组展示的环节不是现场展示，而是要求各个小组提前录制好视频，以视频作品的形式现场播放。作品完全由学生自己设计，自己录制，自己编辑。这样的视频作品，需要小组成员合力完成诸多准备工作，进而实现每个成员的深度参与。

（二）提问回答

问题是将我们引向深度学习的起点。一位优秀的深度学习者，首先是一个优秀的提问者。所以，这一环节的设计目的是启发思考，促进互动，增进思维碰撞。小组展示之后，非展示小组负责提问，所以需要认真观看展示小组的作品，并结合之前的拓展深入思考；展示小组代表进行回答，所以要为可能的问题认真准备尽可能详尽的资料。同时，作为课堂互动的一员，教师也可以在适当时候通过提问或追问的方式提出问题，让学生们讨论回答，通过学生们的讨论和回答实现教学意图。

（三）小组讨论

小组展开讨论，组内分享自己这节课的收获，并发放小组讨论任务单进行记录。

---

① 宋晓燕. 中国外商投资制度改革：从外资"三法"到《外商投资法》［J］. 上海对外经贸大学学报，2019，26（4）：5－13.

（四）收获车轮战

老师随机抽一个编号①，例如 3 号，然后各小组的 3 号学生代表按小组顺序（1－2－3－4）轮流回忆这次课的收获，每次说一点收获，循环往复（1－2－3－4－1－2－3－4……），如果代表同学一时语塞，也可以向组内其他同学求助，组内成员可以及时给予提醒和帮助，每个小组有 3 次求助机会。收获车轮战的现场，台上的学生很积极地回忆，台下的学生们自动担任审判官来判定学生是否出现重复回答的情况，组间相互竞争，场面很热烈，偶尔组内求助，互帮互助，气氛很温情。

四、知识拓展

（1）访问 UNCTAD 投资政策中心国际投资协定数据库，了解中国目前缔结的国际投资协定的情况：https：//investmentpolicy. unctad. org/international-investment-agreements。

（2）教学平台发布作业：将今天课堂的收获形成文字，详述 RCEP 的顺利签署对全球治理的意义。

（3）教学平台发布讨论：作为国内法的《中华人民共和国外商投资法》如何与中国与其他国家（地区）签订的 BIT 或 FTA 等国际协定保持协调以更好地为外商来华投资提供必要的法律保障和法律支持？

五、思政融入

翻转课堂教学思政融入过程如图 14－1 所示。

当前国际经济合作和竞争格局正在发生深刻变化，全球经济治理体系和规则正在面临重大调整，如何顺应经济全球化潮流，推进高水平的开放，为全球治理提供中国方案，为世界发展和人类进步贡献中国智慧，无论在理论上还是在实践中都是必须回应和解答的时代课题。

---

① 这一设计目的是让同学们知道，每位同学都有"上战场"的可能，每位同学都要做好随时发言的准备，每位同学都可能随时代表小组的形象与智慧登台和其他小组展开竞争。

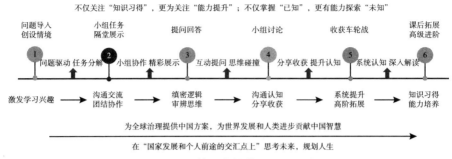

图 14-1　翻转课堂教学思政融入过程

　　教学过程中学生们从 RCEP 正式签署谈到"一带一路"建设，从中国国际进口博览会谈到中欧投资协定谈判，从加强全球治理谈到应对各种全球性挑战，从给国际秩序和国际体系"定规则、定方向"谈到各国在国际秩序和国际体系"长远制度性安排"中的地位和作用……学生们深刻认识到《区域全面经济伙伴关系协定》为新型经济全球化提供了一个新的样本，不仅考虑了"轻关易道，通商宽农"，还考虑如何通过开放贸易、开放投资，促进经济和社会的整体发展，使那些最不发达的国家从中受益；认识到东亚国家将通过 RCEP 加强全方位的贸易投资合作，共筑更加紧密的东亚命运共同体，在贸易与投资自由化的规则设定和议程设置方面发挥更重要的作用；认识到制度改革是一项系统性工程，既不能忽视守成国的既得利益，也不能无视后起国家的发展需求，在既存的全球治理框架下如何寻求更好的治理方案既考验着"中国智慧"，也考验着"中国方案"。

　　整个教学过程，学生在认知、能力和素养三方面都有收获。认知层面，学生经由小组任务拓展、收获车轮战获得了系统化认知，认识到中国始终秉持共商共建共享的全球治理观，积极参与全球治理，与时俱进地推动全球治理体系向着更加公正合理有效的方向改革完善，为应对层出不穷的全球性挑战贡献力量。能力层面，小组合作完成任务、小组互动讨论收获、收获车轮战中上台展示获台下支持，进一步提升了学生的审辨式思维能力、良好的协作性、积极的创造性和独立自主价值判断的能力。素养层面，学生们在了解现实情况的基础上，正确认识国家、正确认识作为国家组成部分的自己、正确认识自己与国家的关系，认识到个人的成长成才，须与国家和民族的发展同向而行，与中国特色社会主义事业同频共振，要在"国家发展和个人前途的交汇点上"思考未来，规划人生。

　　在建设人类命运共同体的时代背景下，人才培养应体现未来性，不但要重视知识量的储备，还应重视想象力的激发和关键能力的培养。所以，这次的教学设计不仅关注学生习得什么，而且更为关注学生将来能够做什么；不仅要让学生能用已有理论解决已有的问题，而且能够提出并解决没有答案的问题；不仅要保有永不磨灭的好奇心、积极的创造性和极其丰富的想象力，还要具备审辨式思维能力、良好的协作性以及过硬的基本功。若终能如是，幸甚至哉！

参 考 文 献

1. 安德森等．布卢姆教育目标分类学：分类学视野下的学与教及其测评［M］．蒋小平等译．北京：外语教学与研究出版社，2009.

2. 安德森等．学习、教学和评估的分类学［M］．皮连生等译．上海：华东师范大学出版社，2008.

3. Boomplay 与 Merlin 达成战略合作，增千万级独立音乐新曲库［R/OL］．新浪网，http：//k. sina. com. cn/article_2286037382_8842298602000os5a. html.

4. 班杜拉．思想和行动的社会基础：社会认知论［M］．胡谊等译．上海：华东师范大学出版社，2018.

5. 鲍里奇．有效教学方法（第四版）［M］．易东平译．南京：江苏教育出版社，2002.

6. 北京市习近平新时代中国特色社会主义思想研究中心．问题链教学法让思政课活起来［N/OL］．人民日报，http：//opinion. people. com. cn/n1/2019/0524/c1003 – 31100597. html.

7. 贝尔等．分布式认知：特征与设计［A］//乔纳森主编．学习环境的理论基础．郑太年等译．上海：华东师范大学出版社，2002.

8. 贝克特．棉花帝国：一部资本主义全球史［M］．徐轶杰，杨燕译．北京：民主与建设出版社，2019.

9. 伯格曼．翻转课堂与深度学习：人工智能时代，以学生为中心的智慧教学［M］．北京：中国青年出版社，2018.

10. 卜宪群，梁仁志．从中国历史看对外开放［J］．红旗文稿，2020（7）.

11. 布朗，勒迪格三世，麦克丹尼尔．认知天性：让学习轻而易举的心理学规律［M］．刘锋译．中信出版社，2018.

12. 柴静．看见［M］．桂林：广西师范大学出版社，2013.

13. 陈芳, 董瑞丰. "芯"想事成: 中国芯片产业的博弈与突围 [M]. 北京: 人民邮电出版社, 2018.

14. 陈建安. 国际直接投资与跨国公司的全球经营 [M]. 上海: 复旦大学出版社, 2016.

15. 陈洁等. 纺织业转移订单留存调查: 人力成本占比飙升超 50%, 产业链上行承压 [N/OL]. 21 世纪经济报道, http://www.xinhuanet.com/politics/2021lh/2021 - 03/05/c_1127172969.htm.

16. 陈至发. 跨国战略联盟文化协同管理 [M]. 北京: 中国经济出版社, 2004.

17. 董一凡. 德国如何抵挡 "产业空心化" [J]. 瞭望新闻周刊, 2021 (24).

18. 独家解读 2020 年《财富》世界五百强上榜国企名单: 入围企业结构更加均衡 发展质量持续提升 [R/OL]. 国务院国有资产监督管理委员会网站, http://www.sasac.gov.cn/n2588025/n4423279/n4517386/n15645543/c15647699/content.html.

19. 方展画. 罗杰斯 "学生为中心" 教学理论述评 [M]. 北京: 教育科学出版社, 1990.

20. 跟作业 "较上了劲"? 听说 17 所高校的 31 门课都这么做了! [EB/OL]. 澎湃新闻, https://www.thepaper.cn/newsDetail_forward_5537040.

21. 顾骏. 大国方略——走向世界之路 [M]. 上海: 上海大学出版社, 2015.

22. 规划纲要草案: 形成强大国内市场 构建新发展格局 [R/OL]. 新华网, http://www.xinhuanet.com/politics/2021lh/2021 - 03/05/c_1127172969.htm.

23. 何帆. 变量: 看见中国社会小趋势 [M]. 北京: 中信出版社, 2019.

24. 赫尔巴特. 普通教育学 [M]. 李其龙译, 北京: 人民教育出版社, 2015.

25. 胡国栋. 海尔制: 物联网时代的新管理范式 [M]. 北京: 北京联合出版公司, 2021.

26. 黄平, 李奇泽. 英国工业因何衰落和空心化 [J]. 瞭望新闻周刊, 2021 (25).

27. 姜艳玲，徐彤．学习成效金字塔理论在翻转课堂中的应用与实践 [J]．中国电化教育，2014（7）．

28. 教育部思想政治工作司、中共北京市委教育工作委员会．莫辜负新时代——"四个正确认识"大学生读本 [M]．北京：人民出版社，2018.

29. 今井睦美．深度学习：彻底解决你的知识焦虑 [M]．罗梦迪译．北京：北京联合出版公司，2018.

30. 卡尼曼，西博尼，桑斯坦．噪声 [M]．李纾，汪祚军，魏子晗等译．杭州：浙江教育出版社，2021.

31. 朗．如何设计教学细节：好课堂是设计出来的 [M]．黄程雅淑译．北京：中国青年出版社，2018.

32. 李海舰，李文杰，李然．新时代中国企业管理创新研究——以海尔制管理模式为例 [J]．经济管理，2018（7）．

33. 李克强：要坚持引进来和走出去并重 [R/OL]．中国政府网，http：//www. gov. cn/govweb/premier/2019－01/26/content_5361326. htm.

34. 李孟刚．产业空心化问题研究 [M]．北京：北京交通大学出版社．2017.

35. 李燕．推动形成国内国际双循环发展新格局 [R/OL]．人民网，http：//theory. people. com. cn/n1/2020/0622/c40531－31755350. html.

36. 立大志、明大德、成大才、担大任——习近平寄语广大青年 [R/OL]．人民网，http：//politics. people. com. cn/GB/n1/2021/0428/c1001－32090015. html? ivk_sa＝1023197a.

37. 联合国教科文组织．反思教育：向"全球共同利益"的理念转变 [M]．北京：教育科学出版社，2018.

38. 联合国教科文组织国际教育发展委员会．学会生存——教育世界的今天和明天 [M]．北京：教育科学出版社，2017.

39. 柳新勇，张钟凯，郑欣．中国通过外商投资法 [R/OL]．新华社，https：//baijiahao. baidu. com/s? id＝1628049701975575152&wfr＝spider&for＝pc.

40. 卢强．学习共同体内涵重审：课程教学的视域 [J]．远程教育杂志，2013（3）．

41. 罗小林．共生经济：消费创富时代下的选择与生长 [M]．北京：经济管理出版社，2017.

42. 麦肯锡全球研究院．中国与世界：理解变化中的经济联系 [R/OL]．

https：//www. sohu. com/a/325506562_790657.

43. 梅里尔. 首要教学原理［M］. 盛群力等译. 福州：福建教育出版社，2016.

44. 南风窗. TCL 美国征战记［R/OL］. 南风窗，https：//www. wxnmh. com/thread－8578100. htm.

45. 尼科尔斯等. 认识商业［M］. 陈志凯等译. 北京：世界图书出版公司，2009.

46. 培育世界一流企业——代表谈国企改革［R/OL］. 新华社，http：//cpc. people. com. cn/19th/n1/2017/1023/c414305－29603636. html.

47. 商务部：反对有关国家以"国家安全"为由对外国投资设障碍［R/OL］. 中华人民共和国中央人民政府网，http：//www. gov. cn/xinwen/2018－01/11/content_5255714. htm.

48. 商务部对外贸易司中国汽车技术研究中心有限公司. 中国汽车贸易高质量发展报告［R/OL］. 中华人民共和国商务部，http：//images. mofcom. gov. cn/wms/201912/20191230105409100. pdf.

49. 盛群力，魏戈. 聚焦五星教学［M］. 福州：福建教育出版社，2015.

50. 首超美国！世界 500 强最新出炉［R/OL］. 澎湃新闻，https：//www. thepaper. cn/newsDetail_forward_8673912.

51. 首科院. 中国城市科技创新发展报告 2020［R/OL］. https：//baijiahao. baidu. com/s? id ＝1689854639473459158&wfr ＝spider&for ＝pc.

52. 宋晓燕. 中国外商投资制度改革：从外资"三法"到《外商投资法》［J］. 上海对外经贸大学学报，2019，26（4）.

53. 苏霍姆林斯基. 给教师的建议［M］. 杜殿坤编译. 北京：教育科学出版社，1984.

54. 威灵厄姆. 心智与阅读［M］. 梁海燕译. 杭州：浙江教育出版社，2020.

55. 温才妃，朱琳. 痛苦的学习经历倒逼我学会学习——张淑娟和她的"五问反思报告"［N/OL］. 中国科学报，http：//news. sciencenet. cn/sbhtmlnews/2020/1/352805. shtm.

56. 吴成军，张敏. 美国生物学"5E"教学模式的内涵、实例及其本质特征［J］. 课程·教材·教法，2010，30（6）.

57. 希文. 任正非内部讲话 [M]. 哈尔滨：哈尔滨出版社，2017.

58. 习近平. 共担时代责任 共促全球发展——在世界经济论坛 2017 年年会开幕式上的主旨演讲 [R/OL]. 新华社，http：//www. xinhuanet. com/world/2017－01/18/c_1120331545. htm.

59. 习近平. 开放共创繁荣 创新引领未来——在博鳌亚洲论坛 2018 年年会开幕式上的主旨演讲 [M]. 北京：人民出版社，2018.

60. 习近平. 论中国共产党历史 [M]. 北京：中央文献出版社，2021.

61. 习近平. 青年要自觉践行社会主义核心价值观——在北京大学师生座谈会上的讲话 [M]//十八大以来重要文献选编（中）. 北京：中央文献出版社，2016.

62. 习近平. 在同各界优秀青年代表座谈时的讲话 [R/OL]. 新华网，http：//www. xinhuanet. com/politics/2013－05/04/c_115639203. htm.

63. 习近平. 在知识分子、劳动模范、青年代表座谈会上的讲话 [R/OL]. 新华网，http：//www. xinhuanet. com/politics/2016－04/30/c_1118776008. htm.

64. 习近平关于《关于新形势下党内政治生活的若干准则》和《中国共产党党内监督条例》的说明 [R/OL]. 人民网，http：//cpc. people. com. cn/n1/2016/1102/c64094－28829702. html.

65. 习近平会见出席"全球首席执行官委员会"特别圆桌峰会外方代表并座谈 [R/OL]. 形势政策网，http：//www. xingshizhengce. com/tt/201806/t20180622_4731166. shtml.

66. 习近平看望参加政协会议的民进农工党九三学社委员 [R/OL]. 央广网，http：//china. cnr. cn/news/20170305/t20170305_523636394. shtml.

67. 习近平在同外国专家座谈时强调：中国要永远做一个学习大国 [R/OL]. 中国共产党新闻网，http：//cpc. people. com. cn/n/2014/0524/c64094－25058948. html.

68. 习近平在中国政法大学考察 [R/OL]. 新华网，http：//www. xinhuanet. com/politics/2017－05/03/c_1120913310. htm.

69. 夏正江. 迈向课堂学习共同体：内涵、依据与行动策略 [J]. 全球教育展望，2008（11）.

70. 香港中文大学校长沈祖尧：不流俗不盲从，不负此生 [R/OL]. 人民网，http：//opinion. people. com. cn/n/2014/0715/c1003－25280626. html.

71. 小米胜美案：给全球化中国企业打了个样 [R/OL]. 腾讯新闻. ht-tps：//new. qq. com/omn/20210528/20210528A01GRM00. html.

72. 新华社评论员：立德树人，为民族复兴提供人才支撑——学习贯彻习近平总书记在全国高校思想政治工作会议重要讲话 [R/OL]. 新华网, ht-tp：//www. xinhuanet. com/politics/2016 – 12/08/c_1120083340. htm.

73. 徐泓. 不要因为走得太远而忘记为什么出发——陈虻我们听你讲 [M]. 北京：中国人民大学出版社，2015.

74. 许缘，高攀. 新冠肺炎疫情或致美国制造业深陷衰退危机 [R/OL]. 新华社，https：//baijiahao. baidu. com/s? id = 1662833246498612534&wfr = spider&for = pc.

75. 张辉蓉，朱德全. 走出教学情境创设的误区 [J]. 西南大学学报 （社会科学版），2007 （5）.

76. 张建平，刘桓. 改革开放四十年："引进来"与"走出去" [EB/OL]，求是网，http：//www. qstheory. cn/llqikan/2019 – 03/09/c_1124213820. htm.

77. 张萌，杨扬，柳顺义. 基于双向互馈原则的混合式教学模式——以大学数学公共基础课程为例 [J]. 现代教育技术，2020，30 （12）.

78. 张青妹. 基于多模态话语理论的在线课程内容黏性研究 [J]. 兰州教育学院学报，2020，36 （7）.

79. 张学新. 对分课堂：中国教育的新智慧 [M]. 北京：科学出版社，2016.

80. 赵蓓文等. 国际投资学国际理论前沿 [M]. 上海：上海社会科学院出版社，2017.

81. 这个词，习近平为何一再强调？[EB/OL]. 新华网，https：//www. rmfz. org. cn/contents/549/478189. html.

82. 中国商务部：2020 年中国利用外资增长 6.2% 规模创历史新高 [R/OL]. 中华人民共和国商务部，http：//www. mofcom. gov. cn/article/i/jyjl/j/202101/20210103032941. shtml.

83. 中国吸收外资逆势增长成为 2020 年全球最大外资流入国. 中华网，https：//news. china. com/domestic/945/20210125/39220517. html.

84. 中华人民共和国教育部. 教育部关于全面深化课程改革落实立德树人根本任务的意见 [EB/OL]. http：//www. moe. gov. cn/srcsite/A26/jcj_

kcjcgh/201404/t20140408_167226. html.

85. 中华人民共和国商务部. 中国外商投资指引（2020）［R/OL］. ht-tp：//www. fdi. gov. cn/come-newzonghe. html? parentId = 113&name = % E5% 88% 9B% E6% 96% B0% E6% B0% B4% E5% B9% B3% E9% A2% 86% E5% 85% 88&comeID = 2.

86. 钟轩理. 自信的中国永远在这儿［N］. 人民日报，2021 – 09 – 16.

87. 佐藤学. 教师的挑战：宁静的课堂革命［M］. 钟启泉，陈静静译. 上海：华东师范大学出版社，2012.

88. 佐藤学. 学校的挑战：创建学习共同体［M］. 钟启泉译. 上海：华东师范大学出版社，2010.

89. Aronson E，Blanes N. The Jigsaw Classroom［M］. Columbus：Ohio State University Press，1978.

90. Bloom B，Englehart M，Furst E，et al. Taxonomy of Educational Objectives，Handbook Ⅰ：The Cognitive Domain［M］. New York：David McKay，1956.

91. Bybee R W，Taylor J A，Gardner A，et al. The BSCS 5E Instructional Model：Origins，Effectiveness，and Applications. 2006.

92. Dunning J H. The Eclectic Paradigm of International Production：A Restatement and Some Possible Extensions［J］. Journal of International Business Studies，1987（11）：9 – 31.

93. Ghaith G M，Bouzeineddine A R. Relationship between Reading Attitudes，Achievement，and Learners：Perceptions of Their Jigsaw Ⅱ Cooperative Learning Experience［J］. Reading Psychology，2003（24）：105 – 121.

94. Holliday D C. The Development of Jigsaw Ⅳ in a Secondary Social Studies Classroom［J］. Academic Achievement，2000.

95. Sousa D A. How the Brain Learns［M］. Thousand Oaks：Corwin Publishers，2016.

附录 1

传音："非洲手机之王"的诞生[①]

非洲大陆有"全球最后一个十亿用户市场"的美称，但这里的市场成熟程度远不及发达国家，整体手机渗透率远低于欧美、中国等成熟市场。彼时，虽然大部分的国际厂商和中国厂商已纷纷进入非洲市场，但是从产品供给来看，并未考虑本地用户的实际需求。非洲经济发展的特征和本地需求层面决定了要开发这一市场，必须要走"本地化"的道路，而且是非同一般的"本地化"。2006 年，非洲用户用的主要是三星、诺基亚，这两个品牌当时已是国际通用化很高的手机，它们无意愿针对非洲当地用户的独特需求，去量身定制地设计产品功能。传音则抓住了这个机会，"入山问樵、入水问渔"，在持续不断地深度洞察非洲市场独特的消费需求、高度适切地开展产品规划和技术研发的同时，精细化布局非洲市场，与消费者建立深层次的沟通，最终成就了一个"非洲之王"的中国式奇迹。

一、"深度洞察"和"高度适切"当地用户需求，进行产品本地化创新

本地化创新，首先是产品，产品是根本。应通过深入当地、深入消费

---

① 本案例根据以下资料编辑整理：张从志. 传音："非洲手机之王"的诞生［J/OL］. 三联生活周刊，2019（49），http：//finance. sina. com. cn/chanjing/gsnews/2019 - 12 - 16/doc - iihnzhfz6321955. shtml；非洲手机之王传音崛起的逻辑［EB/OL］. 腾讯网，https：//new. qq. com/omn/20201109/20201109A0HBMZ00. html；"非洲手机之王"的未来之路［EB/OL］. 36 氪，https：//36kr. com/p/1052698199428739；波导后传，传音非洲［EB/OL］. https：//baijiahao. baidu. com/s？id = 1636408194818106106&wfr = spider&for = pc；市场占有率超半壁江山，"非洲之王"是如何炼成的［J/OL］. 中国企业家杂志，https：//baijiahao. baidu. com/s？id = 1688869140757876384&wfr = spider&for = pc.

者，去发现和捕捉新兴市场消费者对手机产品差异化的需求。比如，传音在非洲，早期关注大电池、大喇叭、多卡多待等功能，后来关注深肤色拍照技术领域，到现在关注手机系统及移动互联网产品服务领域，逐步构建智能终端与移动互联业务均衡协同发展的良好生态。"深度洞察"和"高度适切"当地用户需求，是传音进行产品本地化创新的基础，也是赢得本地消费者青睐的关键。

（一）本地化技术创新一：智能夜摄，自拍"美黑"

非洲人喜欢自拍，乐于在社交平台分享照片。由于非洲当地民众自身肌肤颜色的原因，在暗光环境中，一般手机很难进行准确的面部识别，往往拍照效果很差。传音的团队研发出适用于深肤色用户的自拍人像模式：研究团队首先完成对非洲本地用户的人种客观特征及审美喜好偏好分析，找到影像优化的创新机会点，比如对非洲用户皮肤肤色、肤质的美化以及五官特征的智能美型，使照片看起来更加清晰自然，更符合当地用户的审美习惯，在暗光条件下也能拍出贴近真实肤色的照片。其智能夜摄手机发布后，深受广大非洲人民的喜爱。

2020 年 6 月，传音影像研发团队斩获了计算机视觉领域顶级会议CVPR2020（国际计算机视觉与模式识别会议 2020）主办的"Look Into Person（LIP）"国际竞赛的深肤色人像分割赛道（Track 5：Dark Complexion Portrait Segmentation Challenge）冠军[①]。

（二）本地化技术创新二：多卡多待，降低资费

2007 年传音进入尼日利亚市场时，最早抓到的需求痛点是多卡多待。当时尼日利亚有五六个不同的电信运营商，话费贵，跨运营商通话资费更高，但当地办理手机 SIM 卡很便宜。因此为了节省花费，很多尼日利亚市民会随身携带 3 ~ 4 张 SIM 卡。"就像中国早期移动号打联通号贵、移动号打移动号便宜一样，大家要买好几张 SIM 卡放钱包里，要打电话的时候，先看对方的号码是移动还是联通的，如果是移动的，我就把手机里的联通卡取出来，换张移动的给你打电话。很多人的钱包很快就变成了 SIM 卡包。"

---

① 传音影像研发团队斩获 CVPR2020 LIP 国际竞赛的深肤色人像分割赛道冠军［EB/OL］. 传音公司网站，http：//www. transsion. com/detail？ id = 62.

当时尼日利亚市场已有的国际品牌如诺基亚、三星等主流厂商只支持单卡，于是一个重要的差异化策略就出炉了——双卡双待。2007年11月传音正式推出名为TECNO的品牌，最大的卖点就是双卡双待功能。这款手机一上市，就在非洲引来消费热潮，一个月时间就被抢购一空。TECNO也因此举奠定了市场基础，站稳了脚跟。如今，传音在非洲市场卖的部分手机已发展到四卡四待。

（三）本地化技术创新三：快速充电，超长续航

非洲很多地方有一个特别奇怪的现象，有手机信号，但是没有地方充电。这主要是因为非洲电力发展极不均衡，电力基础设施薄弱，加上人口分布过于分散，因此有不少地方是没有通电的，而通电的地方也会经常停电，当地人经常要去附近的镇上付费给手机充电，这就导致了相对于手机，电才是奢侈品。所以，电池续航成为非洲人选择手机的首要因素，他们认为越重的手机电池越耐用，买手机的时候，都习惯先掂掂重量。考虑到这一特点，传音开发了可以超长待机的手机，将长续航作为一个主要卖点，推出的功能机待机时长超过20天，很好地满足了当地的需求。

（四）本地化技术创新四：主打音乐，媲美音响

非洲人热爱音乐，能歌善舞，血液里天然流淌着音乐和舞蹈的基因。他们喜欢大喇叭、大音量的手机，尤其喜欢"铃声一响，全街轰动"的效果。对于他们来说，每天工作之后能够跟着音乐围着篝火跳一段就是最好的人生享受。针对这一需求痛点，传音推出了主打音乐功能的新款手机，不但有超长的开机音乐，配备大功率的扬声器，还随机赠送一个定制的头戴式耳机。

2015年，传音与网易合资建设Boomplay，让旗下已经得到非洲消费者认可的智能机预安装该音乐应用，借此切入流媒体市场。最初建设Boomplay只是单纯地希望为音乐手机增加一个卖点，但没想到上线后，非洲用户对这个流媒体音乐应用的反馈非常不错，尤其是联合非洲当地音乐人针对非洲曲风特别定制开发的均衡器音效，得到了非洲用户非常积极的反馈，因为在这之前没有哪家公司有专门针对非洲曲风做过定制的音效。

2016年，Boomplay上架Google Play应用商店，并开始对其他非传音品牌的安卓用户开放，也可于网页端使用。2017年，Boomplay获得The Apps Africa Awards颁发的最佳应用奖。截至2019年2月，Boomplay拥有4200万

激活用户，是最大的非洲在线音乐曲库，覆盖了尼日利亚、加纳、肯尼亚、坦桑尼亚、卢旺达、乌干达和赞比亚等非洲大部分地区[①]。

（五）本地化技术创新五：系统语言本地化

除了官方语言英语、法语、阿拉伯语等，非洲有多种多样的本地语言，许多本地人的英语或者法语并不熟练。以埃塞俄比亚为例，其110万平方公里的土地上居住着奥罗莫人、阿姆哈拉人等80多个民族，说着90种不同的独立语言。这些庞杂的语言不仅阻碍了埃塞俄比亚经济社会发展，还成了横亘在手机厂商面前的第一道关卡。针对这种情况，传音坚持全球化思维，针对语言进行了本地化开发。针对埃塞俄比亚的情况，传音开发出支持奥罗莫语、提格雷语等本地语言的手机系统，以及首个支持阿姆哈拉语的手机键盘，使传音手机成为许多埃塞俄比亚人的"唯一"选项。

二、精细化布局非洲市场，与消费者建立深层次沟通

在持续不断地深度洞察非洲市场独特的消费需求、高度适切地开展产品规划和技术研发的同时，传音精细化布局非洲市场，与消费者建立深层次的沟通。

（一）营销策略一：细分市场，多品牌战略

在市场营销领域，传音的做法犹如经典的商学院教科书，从一开始就针对细分市场实施多品牌策略，先后建立了 TECNO、itel 和 Infinix 品牌，分别对应新兴市场中产消费者、广大基础消费者和追求科技时尚的智能手机用户。

（二）营销策略二：极其发达的线下分销体系

由于非洲互联网渗透率有限，因此线上电商目前市场占有率很低，并且非洲人口分布散乱，手机销售难以集中。为此传音建立起了覆盖面广阔的销售网络体系。从肯尼亚的首都到非洲的贫民窟，再到马赛马拉草原，传音

---

① 传音移动互联网业务成未来增长点 Boomplay 稳居非洲第一音乐流媒体［EB/OL］. 中国经济新闻网，http：//www. cet. com. cn/xwsd/2639120. shtml.

的团队走到哪里，手机店的旗帜就要插到哪里。传音在非洲总共有 360 个经销商，而年销售额超过 1 亿美元的经销商为 20 个，超过千万美元的有 150 个①。

（三）营销策略三：铺天盖地的涂墙广告

传音把国内下沉市场常用的"涂墙"广告引进了非洲，从内罗毕的机场道路到坎帕拉的贫民窟，从肯尼亚的边境小城基夕（Kisii）到卢旺达的旅游城市鲁比乌（Rubevu），只要有墙的地方，就少不了传音旗下手机品牌 TECNO 的涂墙广告，达到饱和式触达消费者的目的，同时形成了与传音线下销售网络耦合的作用，广告做到哪儿，产品销售网络就延伸到哪儿。曾有一位外国记者形容在东非商品大市场卡里亚库看到的情景："我看到了铺天盖地、从近到远、密密麻麻、让我永远不会忘记的 TECNO。全世界都是 TECNO？"还有一位业内人士曾经如此形容：在非洲当地，尤其是撒哈拉以南的地区，无论是小型的夫妻店还是大型的卖场，无论是户外的广告板还是电视广告，蓝底白字的 TECNO 标志无处不在。传音公司的涂墙运动，竟然拉动油漆生产成为非洲的一个热门行业。

（四）营销策略四：极具特色的本地化营销

音乐和足球在非洲人民生活当中扮演着非常重要的角色。因此，传音通过聘请非洲知名音乐人士担任品牌大使，在消费者当中拓展品牌影响力。同时，通过与英超曼城、莱斯特城足球俱乐部合作，结合本地化的营销战术，赢得消费者的喜爱。2016 年 11 月，传音旗下品牌"TECNO"和英超风头正劲的曼城足球俱乐部签署合作协议，成为曼城俱乐部手机和平板电脑的官方合作伙伴②。双方的深度合作，为传音旗下 TECNO Mobile 品牌的知名度和美誉度带来极大的提升。

（五）营销策略五：独立的手机售后服务

除了强大的市场渠道，传音针对非洲极其分散的市场，还率先推出了独

---

① 非洲手机之王传音崛起的逻辑［EB/OL］. 腾讯网，https：//new. qq. com/omn/20201109/ 20201109A0HBMZ00. html.
② 回眸与展望，共赢全球市场——传音控股 & 曼城足球俱乐部 2019 年战略沟通会［EB/OL］. 传音公司网站，http：//www. transsion. com/detail？id=42.

立的手机售后品牌——Carlcare，成为第一个在非洲建设售后服务网络的外国企业。Carlcare 不仅维修自己的手机，也帮非洲消费者维修其他品牌的手机。目前 Carlcare 已在全球建有超过 2000 个服务网点（含第三方合作网点）。

（六）营销策略六：热心当地公益，与非洲人民做朋友

2013 年圣诞节期间，传音给尼日利亚的拉各斯的两家孤儿院赠送了礼物。2014 年 11 月，年度 TECNO Vybez Awards 奖励了很多来自西部肯尼亚的艺术家。2015 年 6 月 1 日，TECNO 为拉各斯公立学校的 3 名小学生分别提供了 10 万奈拉的奖学金。与此同时，TECNO 还向当地 4 所小学赠送教学用书和文具用品。以此来帮助家长们，保证他们的孩子的基本生活和教育需求。2020 年 6 月 19 日，传音与联合国难民署宣布双方达成新的合作伙伴关系。传音携旗下手机品牌 TECNO 支持联合国难民署全球教育项目——"教育一个孩子"（Educate A Child，EAC），旨在改善非洲难民儿童的教育条件，使他们获得更多受教育的机会①。

正所谓得人心者得天下，得益于在技术创新、市场营销方面的正确决策、精准布局和高效执行，传音最终成就了一个非洲之王的中国式奇迹。

---

① 教育为非洲，为未来——传音控股携手联合国难民署支持非洲儿童教育事业 ［EB/OL］. 传音公司网站，http：//www. transsion. com/detail？ id＝61.

附录2

小组讨论工作单

章节名称			
学习目标			
学习任务			
小组成员			
讨论日期		记录人	
我们的 观点			
小结			

附录3

布鲁姆—特内教学提问类型[①]

认知目标	提问类型	定义
识记	知识性提问	也可以叫回忆性提问。考查学生对概念、字、词、公式、法则等基础知识记忆情况的提问方式，是一种最简单的提问。学生回答这样的问题，不需要进行深刻的思考，只需回忆已经学过的知识，进行简单判断即可
理解	理解性提问	用来检查学生对已学知识及技能的理解和掌握情况的提问方式，多用于概念、原理讲解之后，或学期课程结束之后。理解性提问一般是让学生用自己的言语描述、解释事实、事件和程序，以便了解学生对所学内容是否真正理解。理解性提问是较高级的提问
应用	应用性提问	检查学生把所学概念、规则和原理等知识应用于新的问题情境中解决问题的能力水平的提问方式。主要是要求学生用新获得的知识来解决新的问题

---

① 1956 年美国教育和心理学家家布鲁姆（B. S. Bloom）等提出了"认知目标分类理论"，将认知领域中的教学目标分为识记（knowledge）、理解（comprehension）、应用（application）、分析（analysis）、综合（synthesis）和评价（evaluation）六个层次，按照由低到高的顺序进行排列。美国教育家特内（Tene）根据布鲁姆的认知分类，基于学生回答问题时所需要的认知操作，提出与六个认知目标相对应的提问类型。其中，前三类指向较低层次的认知水平，这类问题一般是有固定的、明确的答案，关注的是对幼儿所学知识再忆的检验；而后三类问题则指向高阶的思考能力，这些问题具有开放性，没有既定的、唯一的标准答案，学生需要通过分析、评价、创造等高层次的思维活动，建构自己对知识的理解，运用所学知识能创造性地解决实际问题。Bloom B，Englehart M，Furst E，et al. Taxonomy of Educational Objectives，Handbook Ⅰ：The Cognitive Domain ［M］. New York：David McKay，1956.

续表

认知目标	提问类型	定义
分析	分析性提问	要求学生通过分析知识结构因素，弄清概念之间的关系或者时间的前因后果，最后得出结论的提问方式。主要是要求学生识别条件与成因，或找出条件之间、原因与结果之间的关系，这类问题在课本上没有现成答案，学生回答时要组织自己的思想寻找根据，进行解释和鉴别
综合	综合性提问	要求学生发现知识之间的内在联系，并在此基础上使学生把教材中的概念、规则等进行重新组合的提问方式。综合性提问经常要求学生预见问题的结果，能够激发学生的想象力和创造力
评价	评价性提问	是一种要求学生运用准则和标准对观念、作品、方法资料等做出价值判断，或者进行比较和选择的一种提问方式

附录4

纺织业的全球迁移历程①

全球纺织业的转移可以划分为6个阶段：近代纺织工业化生产起源于第一次工业革命时期的英国，美国在20世纪初接力英国成为新的纺织制造中心，二战后全球纺织制造中心转向日本，20世纪70年代后又逐步转移到韩国、中国台湾和香港地区；随后，中国在1992年确立社会主义市场经济的发展目标后开放程度提高，2001年加入WTO后对外贸易迅猛发展，顺利成为全球纺织制造中心。近年来，东南亚国家由于劳动力成本等方面的优势开始逐步承接其他国家部分低端制造产能，纺织品制造和出口贸易快速增长，纺织制造中心有向东南亚国家转移的趋势。而从国内看，纺织产业正在由东部地区向中西部等地区转移。

一、第一阶段（第一次工业革命时期）——英国：近代机器纺织工业

英国人将科技作为质量发展的根本动力，不断采用和普及新技术，推进产业机械化和工业化，全面提升质量，与印度抢夺国际棉织品市场。1733年，英国一家棉织工场的机械师凯伊发明了新的织布工具——飞梭，其工效比原来的织机提高1倍多。飞梭发明并广泛应用后，棉纱供不应求，急需研

① 本案例根据以下资料编辑整理：朱茜. 中国纺织产业迁移路径及纺织产业发展趋势全景图［R/OL］. 前瞻产业研究院，https：//www. qianzhan. com/analyst/detail/220/190308 – 8108c03a. html；当年，英国靠什么成为头号强国［N/OL］. 解放日报，http：//theory. jschina. com. cn/syzq/ls/201801/t20180109_5006308. shtml；国际服装：日本服装业的60年历程［N/OL］. 服饰导报，ht-tp：//info. texnet. com. cn/content/2009 – 01 – 09/221820 – 1. html.

制新的纺机。1765年，曼彻斯特一个兼做木工的织工哈格里沃斯设计并制造出一架可同时纺八个纱锭的新纺机，把纺纱的工作效率一下提高了8倍。他以妻子珍妮的名字为这种新纺机命名——珍妮纺机。后来，珍妮纺机的纱锭由八个增加到十几个，纺纱工效随之提高了十几倍，而且纱线变细了，但容易断。最初的珍妮纺机仍以人力为动力，1769年钟表匠阿克莱发明了一种以水力为动力的纺纱机，纱线变得结实了，但比较粗。1779年，克隆普顿发明了骡机，纱线变得柔软、精细又结实，棉纺织品的"质"和"量"实现了革命性的提升。1785年，卡特莱特发明了水力织布机，织布效率提高了40倍。

科技推动着英国棉纺织效率和质量交替上升，英国人创新热情高涨，印花、漂白、染色等技术和净棉机、梳棉机、卷线机、整染机等机械的发明和创新比比皆是。为了推动技术进步和质量发展，英国政府采取各项优惠和奖励政策，对棉纺织技术发明创造者发奖、封爵。1786年英国国王封卡特莱特为爵士，一年后任命他为德比郡郡长。1812年国王奖励发明综合纺纱机的克隆普顿5000英镑。

随着机器生产的增多，畜力、水力和风力等原有的动力已经无法满足需要，迫切需要一种新的动力机器。1765年，曾是苏格兰格拉斯哥大学教具修理师的詹姆斯·瓦特吸收前人的科研成果，制成了第一台单动式发动机——矿井抽水用的蒸汽机。1784年，瓦特又成功研制出万能蒸汽机，将人类带入了蒸汽时代和机械化时代。蒸汽机很快取代水车，驱动纺纱机和织布机工作，英国棉纺织业如虎添翼。18世纪末期，英国棉纺织率先实现机械化生产。1806年，英国基本完成了棉纺织业机械化、动力化，使用蒸汽发动机的织布工厂不断增加。英国棉布产量和质量随之大为提高，图案美丽、色泽亮丽的棉纺服装不但舒适暖和，而且价格低廉、外观精致，成为欧洲上流社会竞相追逐的对象。

1800年英国棉织品出口额占据出口总值的25%，1828年高达出口总值的一半，棉布成为人类史上的第一个全球化商品。英国棉纺织业逐渐成为工业的中坚，推动着工业革命的发生与发展。史学家几乎一致认为，棉纺织是英国乃至世界工业革命的起点和先导。

1850年，英国加工了全世界46%的棉花。19世纪50～70年代，英国率先完成工业革命，成为"世界工厂"，伦敦成为国际金融、贸易中心。英国的繁荣一直持续到第一次世界大战，战后的1924年，英国棉纺锭数量达到创纪录的 6330 万锭，织机 79.2 万台。

然而，繁荣之中蕴藏着危机。19 世纪末期，在第一次工业革命中占据优势的英国纺织设备已经显得陈旧。但在资本家看来，旧的机器还可以继续使用，而更换新设备需要一大笔资金，一点儿也不划算。作为最大的殖民帝国，英国掌握了广阔的销售市场、原料产地和廉价的劳动力，即使在技术和质量水平较低的情况下，仍能从殖民地获得巨额利润。于是，资本家宁愿把大量资本输往国外，也不愿用于更新国内的生产设备、采用新技术。可是，在世界竞争的格局中，质量发展一旦停滞，就意味着被超越和淘汰。

二、第二阶段（20 世纪初期）——美国超越英国[①]

棉纺织产业的工业化生产使得原料棉花的需求量迅速提升，美国利用丰富的土地以及劳动力资源大力发展棉花种植和贸易，逐步成为纺织原料输出中心。

1790 年 1 月，英国技师斯莱特到达美国，凭着惊人的记忆力以及多年练就的机械制造技能与经验，成功复制出阿克莱特棉纺机。就这样，美国的棉纺业也拥有了当时世界上最先进的新型机器。1790 年，美国国会通过《专利法案》，保护发明者的合法权益，鼓励发明创造。29 岁的马萨诸塞州青年伊莱·惠特尼成为一名专利申请人，他在 1793 年发明了轧棉机，使得籽棉加工处理效率提高了近 100 倍，解决了美国棉花生产的主要制约因素，棉花种植业迅速发展，产量和出口量均大幅提高。后来，随着美国人发明了环锭纺纱机和自动织布机，纺织品生产效率和质量大幅度提高，美国遂成为英国的主要棉布竞争对手。

1913 年，美国占世界棉纺织总量的比重首次超过英国，正式取代英国成为全球纺织制造中心，此时的纺织原料以棉花为主。20 世纪 50 年代美国纺织技术、质量水平和纺织机械水平占据了世界领先地位，并开启了化纤工业化生产的先河。

---

① 1990 年 10 月 20 日，时任美国总统的老布什在庆祝美国纺织工业 200 周年的大会上指出，纺织质量发展奠定了美国经济增长和竞争力的基础。

三、第三阶段（20世纪50年代）——日本：技术改进

从明治时代至二战以前的昭和时期，纺织纤维产业一直是日本的基础产业，是赚取外汇最重要的产业。二战以后，日本把纺织业视为和平型产业，希望成为引领日本复兴的重要一环。当时日本很重视纺织业，但是被美国禁止，所以日本的纺织机械被大幅削减，只被允许保留约200万锭。1947年冷战概念提出，美国为了扶持日本、遏制苏联，于是允许日本增加纺织机械，不过数量不允许超过400万锭，日本抓住机会开始互相交流纺织技术，研发出超大牵伸S型细纱机。1948年分别成立了专门负责棉类相关产品的日本纺织协会以及负责羊毛类相关产品的日本羊毛纺织会。也是在同一年，成立了以人造纤维（即后来的合成纤维——化纤）厂商为主要力量的日本化学纤维协会，进而设立了日本百货店协会，至此日本纺织纤维产业的大体框架基本形成。

1950年朝鲜战争爆发，美国的战略物资从美国本土运送过来成本太高，于是决定借这个机会扶持日本的纺织产业，取消了日本400万锭的纺织限定，美军的军服、棉被等订单源源不断交给了日本企业，这极大促进了日本纺织业的高速发展。1957年日本纺织品出口额全球排名第一，日本正式成为新的全球纺织产业中心，此时，纺织品已经不仅仅是棉纺品了，合成纤维技术已经大量应用。

四、第四阶段（20世纪70年代）——亚洲新兴国家和地区接力日本成为全球纺织产业中心

日本纺织业向海外转移的原因主要概括为两点：

第一，受政治因素和欧美保护主义影响，战后日本纺织业等工业的高速发展及出口导向性的经济特征使美日关系矛盾凸显，在美国的压力下日本签订了多项协议减少纺织品的出口。

第二，在布雷顿森林货币体系下，日元持续升值，使得日本的纺织品在国内生产再出口的国际竞争力下降，但却有利于日本企业进行海外投资。

在产品成本优势下降的情况下，日本开始将纺织业向海外转移，日本纺织业在全球的地位逐渐衰退。考虑到距离优势，对外开放程度高、消费市场

广阔、劳动力成本低的韩国、中国台湾和中国香港成为纺织业转移的最佳目的地，自此，亚洲新兴国家和地区逐渐接力日本成为全球纺织产业中心。

五、第五阶段（2001年，中国加入WTO后）——中国：逐步成为全球纺织制造中心

这一阶段纺织制造中心转移的主要原因如下：

其一，整体贸易环境的恶化，如1986年，美国对韩国、中国台湾和相关地区出口到美国的纺织品进行限制，年递增率分别限制在低于1.7%、0.8%和0.5%的水平。

其二，我国对外开放程度提高，内地（大陆）地区的劳动力成本远低于韩国、中国香港和台湾地区，大批外资企业开始在沿海地区投资。

其三，2001年，中国加入WTO，贸易自由化进程加快，2005年WTO全面放开纺织品出口配额限制，出口壁垒降低。加入WTO后，纺织品出口市场迅速打开，中国正式进入纺织业全球市场，充分发挥劳动力优势和市场优势，逐步成为全球纺织制造中心。

纺织品贸易一直受到国际协议的制约，发展中国家无法向发达国家和地区自由出口纺织品。从1962年到1973年，国际纺织品的进出口市场受到《长期棉花协议》制约；1974年签署的《多种纤维协定》给予每个发展中国家一定的配额，允许每年向发达国家出口一定数目，配额虽然每年都会增加，但是对某些国家，例如对中国来说，配额远远低于这些国家的生产能力，为了解决这个问题，受到配额严格限制的中国纺织品企业把部分生产能力移向海外，在洪都拉斯、哥斯达黎加、斯里兰卡等国生产成衣，利用当地配额出口到美国和欧洲。1995年WTO取代了关贸总协定，废除了《多种纤维协定》，取而代之以《纺织品和成衣协定》，附加在55个纺织品出口国头上的出口配额在2005年1月1日取消。

六、第六阶段（2012年至今）——东南亚国家劳动力优势凸显，中国纺织产业向外迁移

一方面，中国制造业职工平均工资持续增长，企业利润空间逐渐收窄。近年来，随着中国工资水平、人力社保、福利等方面的提升，中国人力成本

持续上升，制造业低成本优势逐步消失。同时环保政策的趋严增加了纺织企业的生产成本，进一步压缩了企业的利润空间。

另一方面，东南亚国家国际贸易环境较为优越，出口欧美等发达国家存在关税优惠。如 2015 年 12 月，越南与欧盟签署了自由贸易协定，协定于 2018 年生效，根据协定内容，越南与欧盟两个经济体之间 99% 的货物关税在协定生效后将被取消，越南对欧出口迎来"零关税"时代，棉花进口也不受限制。同时东南亚政府大力鼓励纺织业发展，制定了一系列优惠政策吸引纺织业外企投资，成为中国纺织企业规模扩张和对外投资的热门选择。

综合以上分析，中国纺织业劳动力优势逐步消失、东南亚国家劳动力优势凸显，且纺织业贸易优势大，所以，2012 年前后中国纺织行业部分低附加值业务开始加速向以东南亚为主的国家转移。

附录5

小组案例展示赛实施要求及评价规则

《国际投资学》小组案例展示实施要求

（1）利用教学平台进行随机分组，建议各小组各自建群，自行推举小组长，组内进行合理分工、团结协作，共同讨论小组命名、案例展示、提问和评分等事项。

（一定要给自己小组起一个响亮的名字哦！）

（2）展示前一日各小组组长经教学平台提交的 PPT 和录制的案例展示视频。

（后期还有提问环节，要做好保密工作，切记切记！）

（3）教师根据指定顺序播放展示视频，其他小组代表准备提问问题，展示结束后进行提问，展示小组回答。

（顺序不重要，展示最重要！）

（4）其他小组依据评分细则对展示小组的展示和回答情况进行评分。结束后各小组讨论小组评分，组长负责将最终评分结果提交给老师。

（仔细研究下评分细则，这也是你们关键的拿分项呀！）

（5）每位同学根据所在小组其他成员对完成任务所做的贡献给其他组员打分。每位同学的打分通过教学平台直接提交给老师。

（小组成员都要给自己的小组贡献自己的一份力量，不能偷懒哦！）

（6）各小组最后得分由小组互评（50%）和教师评分（50%）加总而成。个人得分由小组得分（70%）和组内互评（30%）加总而成。

（相信你们是最棒的，加油！）

《国际投资学》案例展示小组赛评分细则

	评分要求	分值	得分
展示内容 （40分）	案例选择得当	10	
	内容充实，信息量充分	10	
	逻辑清晰，结构合理	10	
	渗透专业思想，理论联系实际	10	
展示效果 （30分）	展示时间安排合理	10	
	展示过程富有吸引力	10	
	PPT设计清晰、美观，有良好动态效果	10	
语言仪态 （20分）	语言清晰、流畅、准确、生动，语速节奏恰当	10	
	精神饱满，自然大方	10	
回答 （10分）	回答精炼、准确、全面	10	
合计		100	

《国际投资学》案例展示小组赛组内互评成绩表

序号	学号	姓名	得分
1			
2			
3			
4			
5			
6			
7			
8			

注：十分制，根据组内成员参与度和贡献打分，打分完毕通过教学平台直接提交给老师。
评分标准：
10分：表现非常优秀，对任务完成的贡献非常大
9分：表现优秀，对任务完成的贡献较大
8分：表现良好，做出了应有的贡献
7分：表现一般，贡献一般
6分：有参与，但贡献不大，还有较大提升空间
5分：有参与，但基本没有贡献
0分：没有参与

附录6

"对分课堂"小组讨论工作单

研讨主题			
研讨成员			
研讨日期		记录人	
组员一姓名			
个人观点:			
☆亮闪闪: ！考考你: ？帮帮我:			
组员二姓名			
个人观点:			
☆亮闪闪: ！考考你: ？帮帮我:			
组员三姓名			
个人观点:			
☆亮闪闪: ！考考你: ？帮帮我:			
组员四姓名			
个人观点:			
☆亮闪闪: ！考考你: ？帮帮我:			
达成共识			

附录 7

拼图教学任务单

组号		姓名	
章节名称			
任务内容			
讲解或讨论的学习心得大纲内容：（页面可以自行拓展） 讲解点 1： 讲解点 2： 讲解点 3： …… 讨论点 1： 讨论点 2： 讨论点 3： ……			

附录 8

个人记录思考任务单

记录人		学号		记录日期	
★记笔记：	根据视频内容做框架性笔记				
★写思考：	梳理笔记，分析逻辑，写下所思所想				
★提问题：	提出至少 3 个问题，并写出可能的解决思路				

注：页面可以自行拓展。

附录 9

五 问 反 思 报 告

报告人		学号		报告日期	
★第一问：	我学到了哪个知识点？				
作答要求：	锁定一个新知识点				
★第二问：	我之前是怎么想的？				
作答要求：	调用自己的旧知识				
★第三问：	我之前的想法怎么样？				
作答要求：	化解新旧知识的冲突				
★第四问：	我应该怎样想才对？				
作答要求：	理论上完善知识体系				
★第五问：	我怎样才能用上它？				
作答要求：	实践上活学活用知识				

注：页面可以自行拓展。

附录 10

"国际投资学"课程满意度调查问卷

1. 你认为探究式案例教学模式的课堂体验（　　　　）。[单选题]*
○更好　　　　　　　　○一般　　　　　　　　○不好

2. 你认为探究式案例教学模式的课堂气氛（　　　　）。[单选题]*
○更活跃　　　　　　　○一般　　　　　　　　○不活跃

3. 你认为探究式案例教学模式对课程内容的掌握（　　　　）。[单选题]*
○具有启发性　　　　　○一般　　　　　　　　○没有帮助

4. 探究式案例教学模式下你的参与度（　　　　）。[单选题]*
○更高　　　　　　　　○一般　　　　　　　　○较低

5. 你对探究式案例教学模式的满意度（　　　　）。[矩阵单选题]*

项目	不满意	一般	满意	非常满意
案例选择适宜性	○	○	○	○
案例教学方法	○	○	○	○
案例教学启发性	○	○	○	○
知识获得有效性	○	○	○	○
随堂知识掌握程度	○	○	○	○
课堂总体效果	○	○	○	○

6. 你认为探究式案例教学模式有助于（　　）。［矩阵单选题］＊

项目	不同意	一般	同意	非常同意
提升分析问题和解决问题的能力	○	○	○	○
提升发现问题和界定问题的能力	○	○	○	○
提升分享和合作能力	○	○	○	○
提升学习成果展示能力	○	○	○	○
提升"社会责任感"和"主人翁意识"	○	○	○	○
提升"经济大局观"和"国际化视野"	○	○	○	○
帮助"懂世界""懂中国""懂社会"	○	○	○	○

7. 你认为课程教学的（　　）因素促进了能力提升。［多选题］＊
□典型案例探究分析　　□师生互动探究讨论　　□教学平台探究型作业
□小组辩论赛　　　　　□课堂回顾与总结

8. 请用5~10个你认为最为贴切的词组来描述一下这一学期的课程学习吧！［填空题］＊

_____

9. 非常感谢你这一学期的陪伴！
课程最后，希望你能够针对这一学期的教学给出一些建议，告诉我哪些教学还要继续提升，哪些教学可以发扬光大，以便在今后的教学中持续改进，谢谢！［填空题］＊

_____

附录 11

"国际投资学"课程满意度
调研结果[①]

　　正如著名教育家赫尔巴特在"教育性教学"思想中强调的，没有"无教学的教育"，也没有"无教育的教学"[②]，要把德育与智育通过手段和目的的方式统一起来。课程思政是"教育性教学"的一个很好的载体。从 2018 年的课程开始，结合山东大学"国际投资学"课程思政示范课程的教改项目，国际投资学课堂形成了"融、选、动、拓、评""五位一体"的课程思政案例教学模式。调研问卷结果显示，这种教学模式切实提升了学生的价值引领获得感。

一、第 1~4 题调研结果

　　学生普遍认为探究式案例教学课堂气氛更活跃（100%）、参与度更高（95.83%）、课堂体验更好（97.68%）、对课程内容的掌握更具有启发性（98.84%）（如图 11A–1 至图 11A–4 所示）。

---

①　本附录展示的是 2020 年秋季学期末 2018 级国际经济与贸易专业"国际投资学"课程结束时的调研结果。由于篇幅所限，这里只呈现了调研问卷第 1~8 题的调研结果，第 9 题的调研结果不在此呈现，读者如果感兴趣可以联系本书作者邮箱发送调研结果。

②　赫尔巴特. 普通教育学［M］. 李其龙译，北京：人民教育出版社，2015.

· 178 ·

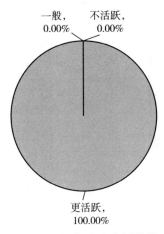

图 11A - 1　探究式案例教学
模式的课堂气氛

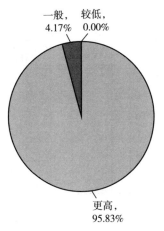

图 11A - 2　探究式案例教学
模式下的参与度

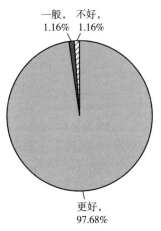

图 11A - 3　探究式案例教学
模式的课堂体验

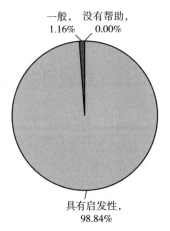

图 11A - 4　探究式案例教学模式对
课程内容的掌握

二、第 5 题调研结果

学生普遍认为课堂教学案例选择适宜（95.4%）、案例教学方法得当（95.4%）、案例教学富有启发性（96.55%）、有较强的知识获得感（94.25%）、随堂知识及时掌握（91.95%）、课堂总体效果满意（96.55%）（如图 11A - 5 所示）。

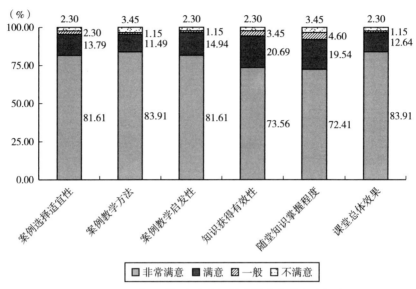

图 11A - 5　学生对探究式案例教学模式的满意度调查

三、第 6 题调研结果

学生普遍认为探究式案例教学模式提升了分析问题和解决问题的能力（100%）、提升了发现问题和界定问题的能力（95.83%）、提升了分享和合作能力（100%）、提升了学习成果展示能力（95.83%）、提升了"社会责任感"和"主人翁意识"（95.83%）、提升了"经济大局观"和"国际化视野"（100%）、有助于"懂世界""懂中国""懂社会"（100%）（如图 11A - 6 所示）。

四、第 7 题调研结果

学生普遍认为对个人能力提升影响比较大的因素为典型案例探究分析（100%）、师生互动探究讨论（91.67%）、教学平台探究型作业（75%）、课堂回顾与总结（66.67%）、小组辩论赛（50%）（如图 11A - 7 所示）。

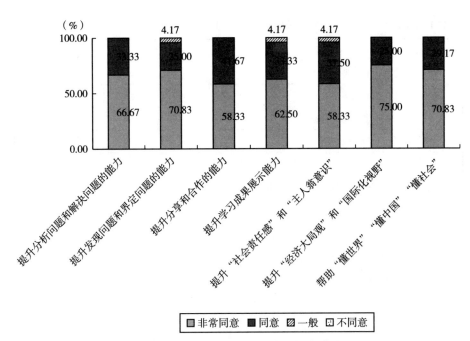

图 11A - 6 学生能力提升自评调查结果

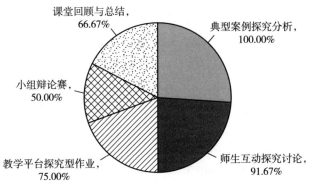

图 11A - 7 学生能力提升影响因素自评结果

五、第 8 题: 学生对课程学习的描述

学生对课程学习的描述见表 11A - 1。

表 11A－1 　　　　　　　学生对课程学习的描述

序号	答案文本
1	专注，有兴趣
2	知识更贴近生活
3	互动很多，比较有趣
4	受益匪浅，收获良多
5	互动，沉浸式学习，积极，紧跟老师，容易理解
6	耐心，认真，负责，鼓励，精彩
7	很实用，很棒
8	教学相长，受益良多
9	喜欢这样的教学
10	有趣，活泼，生动，开心，亲切感
11	老师太认真负责啦
12	感觉收获很大
13	有理有据，思路清晰！
14	活跃，快乐，收获满满
15	温暖，融洽，活跃，丰富，精彩，难忘
16	非常喜欢，受益匪浅
17	充实，生动，活跃，具有启发性，知识掌握更牢固
18	特别好，五问反思报告
19	周老师案例分析准备很充分，带来了很多新鲜的观点，让我们了解了很多知识！
20	长见识，自主思考，锻炼思维
21	生动，深刻，互动，结合实际
22	润物无声，教学相长，印象深刻，寓教于乐，老师温柔耐心有责任！
23	收获，意义丰富，活跃，创新，开拓视野
24	案例分析，有理有据，理解掌握，独立思考，理论联系实际
25	学习到了很多跟课程相关的案例！
26	收获大，理解深，感受很多
27	贴近实际，生动有趣
28	国际化，结合中国实际，提升分析问题能力

续表

序号	答案文本
29	有启发性，发散思维，气氛活跃，引导性强，真不错
30	逻辑性，思维，条理清晰，有理有据，结合现实，结合案例，有趣
31	活跃，积极，意犹未尽
32	活跃，灵活，丰富，兴趣，结合时事
33	课堂内容非常丰富
34	生动有趣，效率高，开心，收获满满，别开生面
35	创新，动脑，互动，巩固，案例
36	思考力，思辨力
37	互动性强
38	生动深刻，案例分析，积极探索，有启发性，高质量课堂，高质量老师
39	生动，有氛围感，易于理解，深刻，有启发性
40	受益良多，有趣，实用，精华，有吸引力
41	生动形象，有趣，互动合理，案例有序，声音清楚，吐字清晰
42	责任，格局，担当
43	身临其境，收获，生动有趣，条理清晰，深刻
44	五问反思报告
45	大格局，精案例
46	有趣，理论联系实际
47	有趣，良好互动，回顾知识很棒，案例分析有启发性，课堂深刻
48	互动性强，上课投入，案例有趣
49	轻松有趣，知识面得到开拓
50	教学优质，案例新颖，课堂活跃，师生活动性强，学习质量高
51	积极参与，活跃，贴近实际，讲课节奏也很适当，老师超好！
52	灵活，多元，拓展思维，有趣，实用
53	获益匪浅，很好
54	身临其境，生动形象，良性互动，抛砖引玉，案例贴切，能力提高
55	有趣，能参与，实用，不空洞，知道知识如何运用，开心
56	生动形象，结合实际，学习与应用相结合，收获颇丰，非常实用，提升案例分析能力

序号	答案文本
57	紧张，启发，新颖，独特，由简到难
58	老师讲课很精彩，收获很大
59	案例分析的方法和思路很重要，要有理有据
60	案例为主线，开阔视野，丰富知识，培养分析能力
61	参与度高，互动，案例多，感受直观，了解国情，团队协作
62	情境，案例，思考，互动
63	活跃，自由，积极，有趣，生动
64	案例分析的方法很有帮助
65	逻辑思维能力，思考，案例拓展，丰富多彩，老师可爱又认真负责，课程知识清晰明了
66	场景化，一长串有催化剂的化学反应
67	充实，快乐，满足，很好
68	互动多，联系实际，贴近生活，逻辑清晰，知识点明确
69	互动性，合作，积极，认真，快乐
70	生动，互动性强，有趣，实践性强，实用
71	有头有尾，贴近生活，生动活泼，扩大视野，丰富多彩
72	有趣，实用，拓展了视野，对理论感到亲切，不是在冷冰冰地、机械地学习，真正学到了知识
73	非常充实！非常有参与感！非常有体验感！非常具有启发性！非常满意！
74	充实，活跃，欢乐，遗憾（还是线下学习更加高效），严谨（哈哈，签到和随机点名实在是让人不得不认真听课呀！）
75	受益匪浅，有趣，有参与度
76	独一无二，热切，生动，积极，享受
77	课堂参与度高，课堂形式丰富
78	富有启发性，开阔眼界
79	课堂形式丰富，课堂参与度高
80	记忆深刻
81	讨论很多，老师热情，案例思辨
82	案例分析能力增强，对参加四大面试有很大帮助！对自己思维能力也非常有益

续表

序号	答案文本
83	学以致用,与时俱进,精辟,生动,互动
84	学有所得,在获取知识的同时还学会了案例分析的方法,获益匪浅
85	活跃,积极,主动,合作,亲和,启发,拓展
86	案例分析,有理有据,课堂互动,小组展示,理论联系实际
87	充实,生动,收获丰富,有助于能力提升,主人翁意识

六、根据第8题学生对课程学习的描述结果进行的词云分析

学生对课程学习描述结果的词云分析如图11A-8所示。

图11A-8 学生对课程学习描述的词云分析

附录 12

学 生 部 分 作 业 展 示

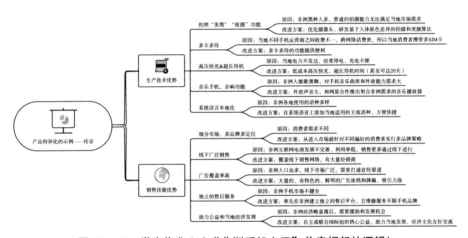

图12A-1 学生作业1（"非洲手机之王"传音崛起的逻辑）

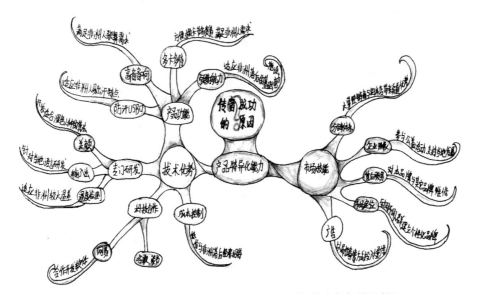

图 12A–2　学生作业 2（"非洲手机之王"传音崛起的逻辑）

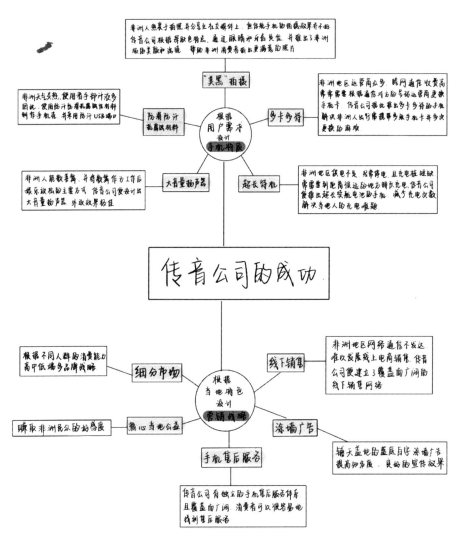

图 12A−3　学生作业 2（"非洲手机之王"传音崛起的逻辑）

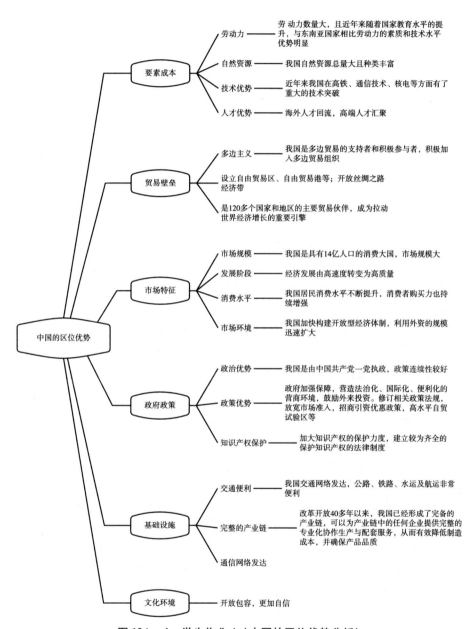

要素成本
　　劳动力 —— 劳动力数量大，且近年来随着国家教育水平的提升，与东南亚国家相比劳动力的素质和技术水平优势明显
　　自然资源 —— 我国自然资源总量大且种类丰富
　　技术优势 —— 近年来我国在高铁、通信技术、核电等方面有了重大的技术突破
　　人才优势 —— 海外人才回流，高端人才汇聚

贸易壁垒
　　多边主义 —— 我国是多边贸易的支持者和积极参与者，积极加入多边贸易组织
　　设立自由贸易区、自由贸易港等；开放丝绸之路经济带
　　是120多个国家和地区的主要贸易伙伴，成为拉动世界经济增长的重要引擎

市场特征
　　市场规模 —— 我国是具有14亿人口的消费大国，市场规模大
　　发展阶段 —— 经济发展由高速度转变为高质量
　　消费水平 —— 我国居民消费水平不断提升，消费者购买力也持续增强
　　市场环境 —— 我国加快构建开放型经济体制，利用外资的规模迅速扩大

政府政策
　　政治优势 —— 我国是由中国共产党一党执政，政策连续性较好
　　政策优势 —— 政府加强保障，营造法治化、国际化、便利化的营商环境，鼓励外来投资。修订相关政策法规，放宽市场准入，招商引资优惠政策，高水平自贸试验区等
　　知识产权保护 —— 加大知识产权的保护力度，建立较为齐全的保护知识产权的法律制度

基础设施
　　交通便利 —— 我国交通网络发达，公路、铁路、水运及航运非常便利
　　完整的产业链 —— 改革开放40多年以来，我国已经形成了完备的产业链，可以为产业链中的任何企业提供完整的专业化协作生产与配套服务，从而有效降低制造成本，并确保产品品质
　　通信网络发达

文化环境 —— 开放包容，更加自信

中国的区位优势

图 12A - 4　学生作业 4（中国的区位优势分析）

后　记

　　现在是凌晨两点，窗外除了风声，一片寂静，但我心中却如卸下了千斤重担，耗时一年多的书稿，终于收笔。

　　支撑我一直笔耕不辍的是长久以来一直思考的问题：在身处百年未有之大变局的今天，如何引导学生正确看待大变局中的中国与世界？如何帮助学生锤炼学习力、思考力、思辨力？如何让课程思政真正落地落实？应该说，本书只是一个努力，或者说是实践之后的总结和反思。

　　课堂要有吸引力，课程思政才有影响力。实现对学生的价值引领，需要教师用心选择教学资源，潜心于教学设计创新。所以，在"国际投资学"的教学中，我尝试从当前社会热点、大学生关注点和课程重点难点入手，针对互联网环境下大学生的思想状况、思维方式和学习要求，精心筛选教学资源，将理论融入契合的现实经济案例，反复锤炼教学设计，争取用案例讲清道理，同时辅之以更多的互动参与和更多的互辩质疑，引导学生系统缜密地辩证审视和深入透彻地分析解读现实问题。

　　所以，本书所呈现的案例教学的意义不只在于案例本身，更在于通过恰当适宜的教学设计让案例和学生之间建立了联系，让案例对学生的学科素养养成产生了意义。学生在明晰国家经济社会发展背后的原理、道理、学理、哲理、法理和事理的基础上，能够正确认识作为国家组成部分的自己，正确认识自己与国家的关系，认识到个人的成长成才，须与国家和民族的发展同向而行，与中国特色社会主义事业同频共振，要在"国家发展和个人前途的交汇点上"思考未来，规划人生。

　　教学永远是一门遗憾的艺术，任何一堂课，任何一节教学设计，哪怕已经过千锤百炼，反复打磨，过后静静反思时，总会有些微的不足和遗憾。本书收笔之时，仍有许多未尽之意，深感真正的"以学生为中心"，更好的思政融入，字字千钧，任重而道远。然而，不正是在这样一次次找寻方法、解决问题、弥补遗憾的过程中我们课堂教学的有效性才有了持续不断的提升和飞跃吗？所以，坚持不懈地进行教学改革与创新，持之以恒地推进课程思政有机融入，过去是，今天是，未来仍将是推动教育事业高质量发展的根本动力。

2021年5月，"国际投资学"课程获评山东省课程思政示范课程，我也获评"山东省课程思政教学名师"，借此机会，向给予我支持和帮助的所有人一并致谢。

感谢山东大学商学院的大力支持。商学院高度重视和大力支持教学改革与创新，已形成从课程设计到内容策划、从课程目标设定到教学方法与考评、从丰富的教研成果产出到教学质量提升的立体化管理育人思路，课程思政建设持续不断推向深入，已构建起由点及面、全面覆盖的课程思政体系。

感谢教育部产学合作协同育人项目"新文科视域下课程思政融合创新模式探索与实践"的支持。

感谢我的先生，为书稿的完善提供了很多宝贵的专业意见。

感谢我的儿子，在我撰写书稿之余，为我带来诸多欢乐。

感谢所有给予我支持和帮助的朋友。

周宏燕

于威海和园

2021年10月16日